BLAISE PASCAL AKUKWI LEDIKA

QUI EST JESUS ?

BLAISE PASCAL AKUKWI LEDIKA

QUI EST JESUS ?

JESUS-CHRIST DANS TOUT SON ENTENDEMENT

Éditions Croix du Salut

Imprint

Cover image: www.ingimage.com

Publisher:
Éditions Croix du Salut
is a trademark of
Dodo Books Indian Ocean Ltd. and OmniScriptum S.R.L publishing group

120 High Road, East Finchley, London, N2 9ED, United Kingdom
Str. Armeneasca 28/1, office 1, Chisinau MD-2012, Republic of Moldova, Europe
Managing Directors: Ieva Konstantinova, Victoria Ursu
info@omniscriptum.com

Printed at: see last page
ISBN: 978-620-6-17117-1

QUI EST JÉSUS ?

I. Jésus-Christ attaqué

1. Jésus-Christ attaqué

Introduction

Depuis plus de vingt siècles, Jésus de Nazareth est au centre de nombreuses controverses. Lui-même a été persécuté et tué.

Au cours de l'histoire, des milliers de disciples de Jésus ont été moqués, ridiculisés, volés, battus et tués à cause de leur foi. Pourtant, la persécution ne les a pas arrêtés. Plus ils ont été persécutés, plus leur foi est devenue forte et plus ils ont partagé leur foi avec d'autres.

Quel est le secret d'un tel courage et d'une telle conviction ? Pourquoi les ennemis de Jésus n'ont-ils pas réussi à empêcher les gens de le suivre ? Dans cette leçon, nous chercherons des réponses à ces questions. Au cours de notre recherche, nous découvrirons que les prédictions de Jésus concernant la persécution se sont réalisées.

2. Jésus prédit la persécution

Jésus a prévenu ses disciples qu'ils seraient persécutés. Dans son Sermon sur la montagne, Jésus a dit : « Heureux serez-vous lorsqu'on vous insultera, qu'on vous persécutera et qu'on dira faussement de vous toute sorte de mal, à cause de moi. Réjouissez-vous et soyez dans l'allégresse, car votre récompense sera grande dans les cieux » (Matthieu 5:11-12).

Jésus a également dit : « Aimez vos ennemis et priez pour ceux qui vous persécutent » (Matthieu 5:44). Jésus savait que la persécution allait arriver.

3. Les dirigeants juifs persécutent Jésus

Il arrivait que les chefs juifs soient tellement en colère contre Jésus parce qu'il prétendait être le Fils de Dieu qu'ils voulaient le tuer (Luc 4:29 ; Jean 5:18-26, etc.). Il guérissait les gens le jour du sabbat et fréquentait les parias. Il renversait leurs tables d'argent au temple. Il les traitait d'« hypocrites » (Matthieu 23:15). Jésus soulignait sans crainte les défauts des pharisiens, et ils le haïssaient pour cela.

Finalement, les chefs juifs firent crucifier Jésus. Il fut dépouillé de ses vêtements. Des clous lui transpercèrent les mains et les pieds. Il fut moqué, ridiculisé et humilié. Pourtant, il n'appela pas à la vengeance. Jésus pria ainsi : « Père, pardonne-leur, car ils ne savent pas ce qu'ils font » (Luc 23:34).

4. Les apôtres sont persécutés

Lorsque la cour suprême juive ordonna aux apôtres de cesser de parler de Jésus, Pierre répondit : « Il faut obéir à Dieu plutôt qu'aux hommes. Le Dieu de nos pères a ressuscité des morts Jésus, que vous aviez fait mourir en le pendant au bois » (Actes 5:29-30).

Les juges, furieux, voulurent tuer les apôtres. Mais au lieu de cela, ils les fouettèrent et les laissèrent partir. Les apôtres « quittèrent le Sanhédrin tout joyeux d'avoir été jugés dignes de souffrir des outrages pour le nom [de Jésus] » (Actes 5:41). Quel était le secret de leur courage ?

5. Stephen est tué

Quelques mois plus tard, Étienne fut jugé devant la même haute cour. Au lieu de se défendre, Étienne accusa ses accusateurs. Les fonctionnaires du tribunal furent tellement en colère qu'ils le traînèrent hors de la ville et commencèrent à lui jeter des pierres (Actes 7:57-58).

Alors qu'Étienne était en train de mourir, il pria : « Seigneur, ne leur impute pas ce péché » (Actes 7:60). Quel était le secret de la force et de la bonne volonté d'Étienne ?

6. Les croyants sont dispersés par la persécution

Les hommes qui ont tué Étienne ont déposé leurs manteaux aux pieds d'un jeune homme nommé Saul. Ce jour-là, « Saul commença à détruire l'Église. Allant de maison en maison, il en retirait hommes et femmes et les jetait en prison » (Actes 8:3). Les croyants de Jérusalem, à l'exception des apôtres, étaient dispersés dans toute la région. « Ceux qui avaient été dispersés annonçaient la parole partout où ils allaient » (Actes 8:4). Pourquoi ces premiers chrétiens continuaient-ils à parler de Jésus même lorsqu'ils étaient maltraités ?

7. La persécution sous les Romains

En 41 après J.-C., Rome nomme Hérode Agrippa Ier « roi des Juifs ». Agrippa veut plaire à ses sujets juifs et persécute les chrétiens. Il « fait tuer par l'épée Jacques, frère de Jean » (Actes 12:2). Il emprisonne ensuite Pierre, avec l'intention de le tuer également, mais un ange de Dieu le délivre de prison.

En 64 après J.-C., un grand incendie éclata à Rome et détruisit une grande partie de la ville. La rumeur courait que l'empereur Néron en était responsable. Afin de se décharger de sa responsabilité, Néron accusa les chrétiens d'avoir déclenché l'incendie et déclencha une vague de persécutions contre eux. Une multitude de chrétiens furent arrêtés, condamnés et torturés. Ils furent cloués sur des croix, donnés en pâture aux lions, déchiquetés par des chiens, enveloppés dans des peaux de bêtes et brûlés la nuit comme des torches humaines dans les jardins de Néron.

Les apôtres Pierre et Paul auraient été martyrisés à Rome sous le règne de Néron. Selon la tradition, Pierre aurait été crucifié la tête en bas à sa propre demande.

Des persécutions similaires furent lancées par d'autres empereurs romains. Les chrétiens furent accusés d'athéisme pour avoir refusé d'adorer l'empereur et d'autres dieux romains. Vers 200 après J.-C., Clément d'Alexandrie écrivit : « De nombreux martyrs sont brûlés, enfermés ou décapités chaque jour sous nos yeux. » Vers 258 après J.-C., Dionysos déclara : « Des hommes et des femmes, des jeunes et des vieux, des jeunes filles et des matrones, des soldats et des civils, de tout âge et de toute race, certains par la flagellation et le feu, d'autres par l'épée, ont vaincu dans la lutte et remporté leurs couronnes. »

Onze des douze apôtres moururent martyrs. Seul Jean, le frère de l'apôtre Jacques, mourut de mort naturelle.

8. Hindouisme

Il existe des preuves que l'apôtre Thomas a prêché en Inde. Selon la tradition, Thomas serait mort sur une colline de Chennai lorsqu'un religieux hindou l'a transpercé d'une lance alors qu'il priait.

La plupart des hindous considèrent Jésus comme un modèle suprême de vie morale. Ils acceptent son message d'amour et le considèrent même comme un être divin.

De nombreux intellectuels hindous éprouvent une profonde affection pour la personne et les enseignements de Jésus. Pour eux, Jésus est l'exemple d'un homme dont l'âme a été totalement illuminée. Seul Jésus s'est identifié de manière absolue à la vérité et à Dieu. Lui seul pouvait légitimement dire : « Je suis la vérité » et « Moi et le Père sommes un ». Pourtant, les hindous rejettent l'idée que Jésus était la seule incarnation de la divinité et ils n'acceptent pas l'affirmation selon laquelle il est le seul chemin vers Dieu. Ils le révèrent et l'admirent, mais ils le considèrent comme une seule incarnation divine parmi tant d'autres.

L'Inde est aujourd'hui la nation démocratique la plus peuplée du monde et sa constitution garantit la liberté de culte. Pourtant, la croissance rapide du christianisme en Inde ces dernières années a déclenché une forte augmentation des persécutions de la part des nationalistes hindous radicaux.

Huit États indiens ont adopté des lois anti-conversion destinées à empêcher les hindous de se convertir au christianisme ou à l'islam.

Des incidents violents contre les chrétiens ont été signalés dans de nombreuses régions de l'Inde. Des églises et des bibles ont été brûlées. Des écrits haineux antichrétiens ont été distribués. Des chrétiens ont été contraints de se convertir à l'hindouisme. Des missionnaires et des prédicateurs nationaux ont été faussement accusés, emprisonnés et même tués. Des écoles et des collèges chrétiens ont été détruits et des cimetières chrétiens ont été profanés. En 2011, un responsable gouvernemental de l'Orissa a estimé que plus de 500 chrétiens étaient morts dans son seul État à cause des hostilités antichrétiennes lancées par des hindous fondamentalistes.

Jésus est attaqué dans de nombreuses régions de l'Inde. Mais il faut reconnaître que certains missionnaires arrogants des XIXe et XXe siècles ont contraint le peuple indien à se convertir au christianisme. Même si ces missionnaires n'étaient pas de véritables représentants de Jésus, les histoires de leurs abus sont encore présentes dans la mémoire de nombreux Indiens aujourd'hui.

9. Bouddhisme

Les bouddhistes ont généralement peu de choses à dire sur Jésus. Ils le reconnaissent comme un grand homme. Ils le reconnaissent comme un bon, sage et moral enseignant, mais ils rejettent le Jésus de la Bible. Pour eux, Jésus n'est pas né d'une vierge. Il n'a pas accompli de miracles. Il n'est pas le Sauveur du monde. Il n'est pas le Fils de Dieu. Il n'est pas la lumière du monde. Il n'a pas été ressuscité. Il ne reviendra pas sur terre en tant que juge divin. Et, pour eux, les enseignements de Jésus ne sont pas la norme de la vérité.

Selon Gautama Bouddha, l'illumination vient de l'intérieur. Elle s'obtient par la concentration et la méditation. Gautama a écrit : « Compte sur toi-même, ne dépends de personne d'autre . » Il nous dirait : « Ne compte pas sur Jésus. »

Les bouddhistes ne persécutent pas les chrétiens, mais ils rejettent la vision biblique de Jésus et envoient leurs propres missionnaires.

Si vous êtes bouddhiste, jetez un œil à Jésus dans les leçons suivantes.

10.Islam

Au VIIe siècle, les musulmans du Moyen-Orient enseignaient que Jésus était né d'une vierge, qu'il avait accompli des miracles dès son enfance et qu'il parlait avec la sagesse divine en tant que prophète de Dieu. Cependant, ils niaient que Jésus ait jamais voulu être adoré comme un être divin.

Selon le Coran, Jésus n'est pas mort sur la croix, il n'a pas été enterré et il n'est pas ressuscité. Au contraire, il a été enlevé au ciel et quelqu'un qui lui ressemblait (peut-être Judas) est mort sur la croix. La plupart des musulmans enseignent que Jésus reviendra un jour sur terre en tant qu'homme, jugera le monde, se mariera, aura des enfants et mourra de mort naturelle.

Aujourd'hui, certains dignitaires musulmans affirment que les véritables enseignements de Jésus ont été corrompus par l'apôtre Paul et l'Église. Ils croient que le récit du Nouveau Testament sur Jésus est faux. Même si les musulmans ont une haute estime pour Jésus et le reconnaissent comme un prophète de Dieu, ils considèrent comme un blasphème de l'appeler le Fils de Dieu ou de l'adorer comme un être divin. Selon la charia, se convertir de l'islam au christianisme est un crime capital.

Ces dernières années, des églises ont été incendiées et des chrétiens ont été pillés, persécutés et même tués par des musulmans radicaux en Afghanistan, en Algérie, en Égypte, en Inde, en Indonésie, en Iran, en Irak, au Liban, au Kosovo, en Malaisie, au Nigéria, à Chypre du Nord, au Pakistan, aux Philippines, en Arabie saoudite, en Somalie, au Soudan, en Syrie et au Yémen. Si vous êtes musulman, donnez à Jésus l'occasion de se révéler dans les leçons suivantes.

11.Communisme

Sous le régime communiste en Chine, en Europe de l'Est, dans l'ex-Union soviétique, au Vietnam, en Corée du Nord et dans d'autres pays, des chrétiens ont été arrêtés et emprisonnés pour avoir possédé ou distribué des Bibles et pour avoir célébré leur culte chez eux sans l'approbation du gouvernement.
Lénine enseignait que la religion était « l'opium du peuple » et il a tenté d'éradiquer toutes les religions. Pourtant, le christianisme a survécu.

12.Résumé

Au cours des 2000 dernières années, les disciples de Jésus ont été persécutés à chaque génération. Pourtant, la persécution n'a pas arrêté la propagation du christianisme. Au contraire, elle a stimulé sa croissance. Qu'est-ce qui donne aux disciples de Jésus le courage d'affronter le danger et la mort avec confiance et sérénité ?

Qui est ce Jésus qui a conquis le cœur et changé la vie de tant de personnes à travers les âges ? Accompagnez-nous dans notre quête de réponses à ces questions.

II. Jésus : réalité ou fiction ?

Introduction

Peut-être faites-vous partie des sceptiques qui se demandent si le Jésus de la Bible a jamais vécu. Dans un sens, c'est sage, car vous voulez être sûr que quelque chose est vrai avant d'y croire. De nombreux sceptiques réfléchis ont changé d'avis après avoir examiné les preuves. Voyageons avec ces sceptiques pour voir ce qui les a poussés à changer d'avis.

Est-il possible qu'une personne informée et intelligente vivant à l'ère de la science puisse croire honnêtement au Jésus de la Bible ? Le Jésus du Nouveau Testament est-il un fait ou une fiction ?

Certains seront peut-être soulagés et d'autres surpris d'apprendre qu'il existe des preuves convaincantes de la fiabilité historique du récit de Jésus dans le Nouveau Testament. Il n'est pas nécessaire de sacrifier son intelligence pour croire au Jésus du Nouveau Testament.

Dans cette leçon, nous examinerons certaines des raisons pour lesquelles les descriptions de Jésus dans Matthieu, Marc, Luc et Jean sont historiquement exactes.

1. Preuves de paternité et dates

De nombreux sceptiques ne croient pas que Matthieu, Marc, Luc et Jean aient écrit les évangiles qui portent leurs noms. Ils affirment que les évangiles ont été rédigés par des auteurs inconnus entre 70 et 100 après J.-C. et qu'ils contiennent de nombreux mythes sur Jésus.

Il existe cependant des preuves solides que la description biblique de Jésus est vraie. Les premiers dirigeants de l'Église, dont les écrits nous sont parvenus, ont toujours cru que Matthieu, Marc et Luc avaient écrit les Évangiles qui leur étaient attribués. Aucun d'entre eux n'a attribué ces Évangiles à quelqu'un d'autre.

Est-il raisonnable de croire qu'un auteur anonyme, cherchant à se faire respecter par ses écrits, aurait pu écrire sous le nom de Matthieu, un collecteur d'impôts détesté, ou de Marc, un transfuge qui avait abandonné Paul et Barnabé lors de leur premier voyage missionnaire, ou encore de Luc, un païen ? Les auteurs des évangiles gnostiques qui ont paru aux deuxième et troisième siècles ont toujours donné à leurs faux évangiles le nom de personnes très respectées.

2. Preuves internes dans Luc et dans les Actes

Luc était un historien méticuleux. Il prétendait avoir « tout étudié depuis le commencement » et avoir écrit « un récit ordonné » de la vie et des enseignements du Christ (Luc 1:1-4). Il ne fait aucun doute qu'il avait interrogé de nombreux témoins oculaires au cours de ses recherches. L'Évangile de Luc est basé sur des témoignages oculaires.
Les archéologues ont vérifié l'exactitude des références historiques de Luc dans le livre des Actes. Luc est considéré comme l'un des plus grands historiens du premier siècle.

Les érudits ayant démontré que Luc était précis dans des domaines qui peuvent être vérifiés dans le livre des Actes, il est raisonnable de croire qu'il était précis dans des domaines qui ne peuvent pas être vérifiés dans son Évangile. Luc était un scientifique, un médecin et un historien digne de confiance. Il y a de bonnes raisons de croire qu'il nous disait la vérité sur Jésus.

Les expressions « nous » et « notre » dans Actes 16, 20, 21, 27 et 28 indiquent que Luc (le médecin et compagnon de voyage de Paul) est l'auteur du livre des Actes du Nouveau Testament. Luc consacre les dix derniers chapitres de ce livre aux événements qui ont conduit au procès de Paul devant César. Mais le livre se termine brusquement sans un mot sur l'issue du procès. La seule explication plausible pour cette fin soudaine et inachevée est que Luc a terminé le livre alors que Paul était encore en résidence surveillée à Rome, en attente de son procès. Si cela est vrai, le livre des Actes doit être daté d'avant 62 après J.-C. Puisque Luc a écrit son évangile avant celui des Actes (Actes 1:1), l'évangile de Luc doit être daté encore plus tôt, dans les trente ans suivant la mort du Christ. Cela signifie qu'il n'y a pas eu assez de temps pour que les mythes se développent.

3. Les preuves dans les écrits d'Irénée

Irénée, un chef religieux du deuxième siècle en Gaule (aujourd'hui en France), a écrit que « Matthieu a produit son Évangile, écrivant parmi les Hébreux dans leur propre dialecte, tandis que Pierre et Paul ont proclamé l'Évangile et fondé l'Église à Rome. » Pierre et Paul prêchaient encore à Rome lorsque Matthieu a écrit son Évangile.

Puisque Pierre et Paul furent martyrisés par Néron entre 64 et 68 après J.-C., l'Évangile de Matthieu a dû être écrit avant 68 après J.-C. Dans son Évangile, Matthieu rapporte les choses qu'il a vues et entendues en tant que disciple de Jésus. Son Évangile se compose donc de témoignages oculaires.

Irénée poursuit : « Marc, le disciple et l'interprète de Pierre, nous a aussi transmis… ce que Pierre avait prêché » (Adv. Haer. 3.1.38-41). Marc nous a fait part de ce que Pierre avait prêché à propos de Jésus. Pierre avait rapporté ce qu'il avait vu et entendu pendant qu'il suivait Jésus. L'évangile de Marc contient donc le témoignage oculaire de Pierre à propos de Jésus-Christ.

4. Preuve de l'exactitude de la transmission orale

L'une des raisons pour lesquelles les sceptiques rejettent le Jésus du Nouveau Testament est que les Évangiles sont basés sur la tradition orale. Or, à l'époque de Jésus, la tradition orale était digne de confiance pour plusieurs raisons :

1. Les traditions orales étaient mémorisées et transmises de génération en génération. Les rabbins juifs mémorisaient les Écritures hébraïques. Les garçons juifs âgés de cinq à treize ans n'étudiaient qu'une seule matière à l'école de la synagogue. Ils mémorisaient les Écritures. La mémorisation était la principale méthode d'apprentissage au premier siècle. Elle reste encore aujourd'hui la principale méthode d'apprentissage dans de nombreuses régions du monde.
2. Plus de 80 % des enseignements de Jésus étaient de nature poétique et étaient facilement mémorisables.
3. Au premier siècle, il n'était pas nécessaire de citer une personne mot pour mot, à condition que le contenu du message soit exact. En fait, les guillemets n'existaient pas dans le monde gréco-romain.

Les sceptiques pointent du doigt les « contradictions » entre les évangiles comme preuve de leur manque de fiabilité historique. Cependant, ces variations ne discréditent pas les évangiles. En fait, les historiens pointent du doigt les variations au sein des évangiles comme preuve de leur authenticité. Une conformité absolue indiquerait une collusion.

1. Les apôtres ont assuré la stabilité de l'Église entre 30 et 60 après J.C., période durant laquelle la plus grande partie du Nouveau Testament a été écrite. Étant donné qu'ils étaient témoins oculaires de la vie et des enseignements de Jésus, ils ont pu corriger les mythes erronés qui s'y étaient développés. De plus, les apôtres étaient guidés par le Saint-Esprit (Matthieu 10:20 ; Luc 12:12 ; Jean 14:26 ; 16:13,15 ; Actes 4:8).
2. Certains enseignements de Jésus dans les Évangiles sont très difficiles à comprendre et à suivre. De nombreux enseignements éthiques contenus dans le Sermon sur la montagne (Matthieu 5-7) sont si difficiles que l'Église n'a pas été en mesure de les appliquer. Ce ne sont pas des enseignements que l'Église aurait inventés. Ils viennent d'une source supérieure.

5. Preuves tirées de l'Évangile de Jean

Les sceptiques pensent que l'Évangile de Jean a été écrit par un auteur anonyme au tournant du deuxième siècle. Ils soulignent que la vision exaltée de Jean à l'égard du Christ prouve que des mythes s'étaient développés à l'époque de la rédaction du quatrième Évangile.

Il est vrai que Jean a présenté Jésus comme l'incarnation du Verbe divin (Jean 1, 1-14). Il est également vrai que Jean, seul, a rapporté les sept paroles de Jésus : « Je suis ». Jésus a dit aux Juifs : « Avant qu'Abraham fût, je suis » (Jean 8, 58), assumant ainsi le nom de Dieu et déclarant sa propre nature divine (Exode 3, 14). Lorsque Jésus est apparu à Thomas après sa résurrection, ce dernier s'est exclamé : « Mon Seigneur et mon Dieu ! » (Jean 20, 28).

Ces déclarations sont-elles des mythes qui se sont développés à la fin du premier siècle ? Dans la leçon trois, nous examinerons les preuves montrant que la haute opinion que Jean avait de Jésus représentait les opinions des premiers chrétiens.

Matthieu, Marc et Luc décrivent également Jésus comme un être divin. Jésus se présente lui-même comme « le Fils de l'homme », s'identifiant ainsi à l'homme de Daniel 7:13-14 qui vient à Dieu, reçoit l'autorité, la gloire et la puissance, et est adoré par des gens de toute nation et de toute langue.

Le Jésus des trois premiers évangiles pardonne les péchés (Marc 2:5), accepte l'adoration (Matthieu 14:33) et se présente comme l'époux, le Seigneur de la moisson, le rocher, le berger et d'autres analogies utilisées dans l'Ancien Testament en référence à Dieu.

Il est intéressant de noter que l'Évangile de Jean fournit plus de références historiques et géographiques que celles de Matthieu, Marc et Luc. C'est grâce à l'Évangile de Jean que nous apprenons le ministère de trois ans de Jésus et les fêtes juives auxquelles il participait.

6. D'autres preuves tirées de l'Évangile de Jean

Irénée (début du IIe siècle) a reconnu Jean comme l'auteur du quatrième évangile. Aucun chef religieux après Irénée n'a remis en question la paternité de Jean.

L'auteur du quatrième évangile était un Juif qui citait le texte hébreu (12:40; 13:18; 19:37) et qui connaissait les fêtes juives (2:12, 13, 23; 5:1; 7:2; 10:22; 11:55).

L'auteur du quatrième évangile affirme avoir « contemplé » (en grec etheasametha) la gloire de l'Unique (1.14). Ce verbe implique toujours un examen physique. En d'autres termes, l'auteur a été témoin oculaire de la gloire de Jésus. (Voir aussi 19.35 ; 21.24-25.)

L'auteur utilise le présent 161 fois. Dans Jean 5:2, il dit : « Il y a (en grec esti) à Jérusalem, près de la porte des brebis, une piscine qui, en araméen, s'appelle Béthesda et qui est entourée de cinq colonnades. » L'utilisation du verbe au présent « est » suggère que l'Évangile de Jean a été écrit avant la destruction de Jérusalem en 70 après J.-C., époque à laquelle la piscine de Béthesda a disparu de l'histoire.

Pendant des siècles, les sceptiques ont nié l'existence d'une telle piscine et ont prétendu que l'auteur du quatrième évangile avait inventé l'histoire. Mais ces dernières années, des archéologues ont fouillé la piscine de Bethesda, au nord-est de Jérusalem. Le niveau de l'eau se trouve à quarante pieds sous le sol et la piscine est entourée de cinq allées à colonnes, comme l'a rapporté Jean. Cette découverte confirme l'affirmation de l'auteur selon laquelle il a été témoin oculaire des événements qu'il décrit (Jean 21:24).

7. Témoignages de Josèphe

Flavius Josèphe, un aristocrate juif, fut le premier écrivain non chrétien à mentionner Jésus-Christ. Dans ses Antiquités juives, livre 20, chapitre 9, Josèphe écrit que les juges du Sanhédrin « firent comparaître devant eux le frère de Jésus, qui était appelé le Christ, et dont le nom était Jacques ».
Dans son ouvrage Antiquités juives 18:3-3, Josèphe écrit que « Jésus, un homme sage [...] faisait des prodiges. » « Il entraîna beaucoup de gens après lui, et Pilate, à la demande des principaux Juifs, le condamna à la croix. »

8. Preuves du Talmud juif

Le Talmud de Babylone a été écrit et édité sur une période de plusieurs siècles. La section concernant Jésus a été écrite entre 70 et 200 après J.-C. Un passage du Sanhédrin 43a dit : « La veille de la Pâque, ils pendirent Yeshu [une version dit, Yeshu de Nazareth]. . . . Il allait être lapidé, parce qu'il pratiquait la sorcellerie et trompait et égarait Israël. . . . Mais n'ayant rien trouvé en sa faveur, ils le pendirent la veille de la Pâque. »

Ce témoignage de chefs juifs hostiles confirme que Jésus a été pendu (expression juive signifiant crucifié) la veille de la Pâque. Ils ont confirmé que Jésus avait accompli des miracles, qu'ils ont qualifiés de sorcellerie. Les chefs juifs avaient comploté pour lapider Jésus à mort, mais au lieu de cela, ils l'ont fait crucifier. Les points principaux de ce passage sont en parfait accord avec les évangiles.

9. Témoignage de Pline le Jeune

Pline le Jeune était le gouverneur romain de Bithynie (aujourd'hui le nord-ouest de la Turquie) au début du IIe siècle. Pline écrivit une lettre à l'empereur Trajan pour lui demander conseil sur la manière de punir les chrétiens qui « avaient l'habitude de se réunir à jour fixe avant l'aube et de chanter en réponse un hymne au Christ comme à un dieu ». Cette lettre est datée d'environ 112 après J.-C.

La lettre de Pline à Trajan confirme que Jésus était vénéré comme un être divin au début du deuxième siècle.

10.Témoignage de Cornelius Tacitus

Tacite fut l'un des plus importants historiens romains du IIe siècle. Vers 115 après J.-C., Tacite écrivit dans ses Annales 15:44 que « le Christ, de qui le nom [chrétiens] tire son origine, a subi le châtiment extrême pendant le règne de Tibériade de la part d'un de nos procurateurs, Ponce Pilate ». On trouve des déclarations similaires sur Jésus-Christ dans les écrits de Lucien de Samosate, Mara Bar-Serapion, Suétone et Thallus.

Conclusion

Toute personne qui examine les preuves avec un esprit ouvert et impartial conclura que Jésus était un personnage historique du premier siècle qui est mort sur une croix romaine sous le règne de César de Tibériade alors que Ponce Pilate était le gouverneur de Judée.

Les récits évangéliques de Jésus sont basés sur les témoignages oculaires d'hommes bons et honnêtes qui étaient prêts à mourir pour leur foi. Le Jésus du Nouveau Testament biblique est un fait, pas une fiction.

III. Jésus dans les enseignements de Paul

Introduction

Certains critiques affirment que Paul était un penseur païen dont les idées ont été modelées et façonnées par les philosophies grecques et les religions à mystères. Ils affirment que c'est Paul, et non Jésus, qui a créé la religion chrétienne telle que nous la connaissons. Selon eux, Paul croyait en un Christ mystique et céleste plutôt qu'en un Jésus terrestre et historique.

Certains sceptiques affirment que Paul ne dit rien du tout sur le Jésus historique. D'autres affirment que Paul ne croyait pas que Jésus ait jamais été un être humain.

Dans cette leçon, nous verrons que ces affirmations sont absurdes. La Bible elle-même est la meilleure défense contre de telles absurdités. Qu'a dit Paul à propos de Jésus ?

1. Paul et le Jésus historique

S'il est vrai que Paul a mis l'accent sur les aspects spirituels du Christ dans ses lettres, il est également vrai qu'il a reconnu l'humanité de Jésus. Pour Paul, Jésus était plus qu'une personne mystique, mythologique et céleste. Il était un être humain fait de chair et de sang.

Voici quelques exemples de déclarations de Paul à propos de Jésus :

1. Dieu « avait promis d'avance par ses prophètes dans les Saintes Écritures que son Fils serait la descendance de David selon la chair » (Romains 1:2-3). Paul affirme que Jésus est un descendant humain de David.
2. Paul dit que la descendance d'Abraham était « une seule personne, qui est le Christ » (Galates 3:16). Selon Paul, Jésus était un descendant charnel d'Abraham.
3. « Mais lorsque les temps ont été accomplis, Dieu a envoyé son Fils, né d'une femme, né sous la loi » (Galates 4:4). Paul dit que Jésus était un être humain, né d'une femme.
4. Dans Éphésiens 2:14-16, Paul dit que Jésus a uni les Juifs et les Gentils en « abolissant dans sa chair la loi avec ses commandements et ses ordonnances ». Paul dit que le corps de Jésus était fait de chair.
5. Paul écrit aux Colossiens : « Vous étiez autrefois étrangers à Dieu, et ennemis par vos pensées et par vos mauvaises actions. Mais maintenant il vous a réconciliés par la mort de Christ dans le corps physique, pour vous faire paraître devant lui saints. » (Colossiens 1:21-22).

Paul croyait sans aucun doute que Jésus était un être humain. Il dit que Jésus a institué la Sainte Cène la nuit de sa trahison (1 Corinthiens 11:23-29). La dernière Cène et la trahison de Judas sont des événements historiques.

Paul dit aussi que Jésus a fait une bonne confession « en rendant témoignage devant Ponce Pilate » (1 Timothée 6:13). Le procès de Jésus devant Pilate est un événement historique.

En résumé, Paul écrit que le Jésus historique est né d'une femme et qu'il était un descendant d'Abraham et de David. Le Jésus historique a institué la Sainte Cène, a été trahi par Judas et a témoigné devant Pilate. Son corps charnel et physique est mort sur la croix.

Dire que « Paul ne dit rien du tout sur le Jésus historique » reflète soit une ignorance des Écritures, soit une tromperie délibérée.

2. Paul et la tradition apostolique

Dans sa lettre aux Galates, Paul fait trois déclarations : (1) Il a reçu l'Évangile « par révélation de Jésus-Christ » (Galates 1:12). (2) Dieu l'a mis à part dès sa naissance, l'a appelé et lui a révélé son Fils afin qu'il puisse prêcher le Christ parmi les Gentils (Galates 1:16). (3) Après avoir passé trois ans en Arabie et à Damas, il est retourné à Jérusalem « pour faire connaissance avec Pierre et est resté quinze jours chez lui » (Galates 1:18).

On ne peut qu'imaginer les conversations que Pierre et Paul ont eues pendant ces quinze jours. Paul a sans doute raconté à Pierre sa rencontre avec Jésus sur la route de Damas, son baptême, sa mission, son séjour avec Dieu en Arabie et ses expériences de prédication à Damas. Et Pierre a dû lui parler de la Pentecôte, de la croissance de l'Église à Jérusalem, des enseignements des apôtres et des hymnes chantés dans les assemblées de l'Église.

Paul a commencé à écrire ses lettres au début des années 50, peut-être une décennie avant la rédaction des Évangiles. Dans certaines de ses lettres, Paul a incorporé des hymnes et des confessions de foi qui étaient en usage dans l'Église.

Ces chants et confessions se reconnaissent à leur style poétique. Certains des enseignements les plus importants de l'Église primitive étaient contenus dans des hymnes conservés uniquement dans les lettres de Paul. On en trouve des exemples dans Éphésiens 5:14; Philippiens 2:6-11; Colossiens 1:15-20; et 1 Timothée 3:16. L'hymne de Philippiens affirme que Jésus-Christ était « en nature même Dieu ». L'hymne de Colossiens dépeint le Christ comme « l'image du Dieu invisible » et déclare que Dieu réconcilie toutes choses avec lui-même en « faisant la paix par son sang, versé sur la croix ».

Ces hymnes ne sont pas des mythes qui se sont développés à la fin du premier siècle. Ils étaient chantés par les premiers chrétiens. Les premiers chrétiens considéraient Jésus comme un être divin digne d'adoration.

3. Jésus dans 1 Corinthiens 15:3-8

La confession de foi la plus importante citée par Paul se trouve dans 1 Corinthiens 15:3-8. Paul utilise ici un terme technique qui indique qu'il transmet une tradition orale qui lui est parvenue sous une forme fixe.

Paul écrit : « Car ce que j'ai reçu, je vous l'ai transmis avant tout : le Christ est mort pour nos péchés, selon les Écritures ; il a été enseveli, il est ressuscité le troisième jour, selon les Écritures ; il est apparu à Pierre [Céphas], puis aux Douze. Ensuite, il est apparu à plus de cinq cents frères à la fois, dont la plupart sont encore vivants, mais quelques-uns sont morts. Puis il est apparu à Jacques, puis à tous les apôtres, et enfin à moi aussi. »

La première partie de la confession de foi (versets 3 à 5) est écrite dans un style poétique facile à mémoriser. Le texte original fait référence à Pierre sous le nom de « Céphas » (son nom araméen) et utilise plusieurs expressions primitives telles que « les Douze », « il fut ressuscité » et « le troisième jour ». Ces expressions indiquent une date très ancienne.

Quand et où Paul a-t-il reçu cette déclaration de foi ? Et de qui ? En supposant que Jésus ait été crucifié vers 30 après J.-C., il est apparu à Paul (Saul de Tarse) vers 32 après J.-C. Trois jours plus tard, Paul a été baptisé à Damas par Ananias et a été présenté à l'Église (Actes 9:19-20). Il a peut-être appris la confession de foi à Damas. Vers 35 après J.-C., Paul a passé du temps avec Pierre et Jacques à Jérusalem (Galates 1:18-24). Quelque part en chemin, il a entendu parler de cette confession de foi qui était utilisée dans l'Église primitive. Il est probable que Paul l'ait reçue dans les trois à cinq ans qui ont suivi la mort, l'enterrement et la résurrection de Jésus.

En examinant les preuves, il devient évident qu'il y a eu un homme nommé Jésus qui a vécu, est mort, a été enterré et est ressuscité le troisième jour. Certaines parties du Nouveau Testament remontent à une époque très ancienne, ce qui ne laisse pas suffisamment de temps au mythe pour se développer.

4. Paul et l'idolâtrie païenne

Les critiques modernes affirment que Paul était fondamentalement un penseur grec, formé à la philosophie grecque et aux religions mystérieuses à Tarse.

Il est vrai que Paul était très cultivé et instruit. Il pouvait citer des poètes païens et discuter avec des philosophes grecs. Cependant, il n'acceptait pas les pratiques religieuses grecques. À Athènes, il fut profondément affligé par l'idolâtrie qu'il vit (Actes 17:16). Il discutait avec les philosophes épicuriens et stoïciens sur la place du marché et sur l'Aréopage.

Plutôt que de prêcher la théologie grecque, Paul proclamait que le Dieu qui a créé le ciel et la terre « n'habite pas dans des temples faits de main d'homme, et qu'il n'est pas servi par des mains humaines, comme s'il avait besoin de quelque chose » (Actes 17:24-29).

Paul, sans s'excuser, appelle les philosophes à la repentance. Il les avertit que Dieu a désigné Jésus pour juger le monde. Dieu l'a prouvé en ressuscitant Jésus d'entre les morts (Actes 17:30-31).

Bien que Paul ait cité le poète crétois Épiménide et le poète cilicien Aratus, il a exprimé son mépris pour l'idolâtrie païenne. Il s'est appuyé sur le récit de la création de l'Ancien Testament (Genèse 1:1-25) pour faire valoir son point de vue. Au lieu d'affirmer la culture grecque, Paul l'a condamnée.

5. Paul et l'Ancien Testament

Les lettres de Paul révèlent une théologie enracinée dans l'Ancien Testament, et non dans la philosophie et la religion grecques. Dans l'un de ses discours, Paul dit : « Je suis Juif, né à Tarse en Cilicie, mais élevé dans cette ville [Jérusalem]. Sous Gamaliel, j'ai été parfaitement instruit dans la loi de nos pères » (Actes 22:3). Paul avait étudié l'Ancien Testament.

Dans sa lettre aux Philippiens, Paul révèle qu'il a été circoncis le huitième jour et qu'il est membre de la tribu de Benjamin, Hébreu né d'Hébreux, pharisien quant à la loi (Philippiens 3:5). La vision du monde de Paul ne vient pas de la Grèce, mais de l'Ancien Testament.

6. Paul et le monothéisme

Voyons maintenant comment Jésus s'inscrit dans la théologie de Paul.

1. Paul croyait en un seul Dieu. Il a dit : « Nous savons qu'il n'y a aucune idole dans le monde, et qu'il n'y a qu'un seul Dieu. S'il y a ce qu'on appelle des dieux, soit dans le ciel, soit sur la terre (comme il y a en effet plusieurs « dieux » et plusieurs « seigneurs »), cependant pour nous il n'y a qu'un seul Dieu, le Père, de qui viennent toutes choses et pour qui nous vivons » (1 Corinthiens 8:4-6a). Paul fait écho à deux reprises au monothéisme du *shemma* (Deutéronome 6:4). L'idée que Paul était un penseur païen est une folie.

Paul ajoute ensuite : « Il n'y a qu'un seul Seigneur, Jésus-Christ, par qui tout est arrivé et par qui nous vivons » (1 Corinthiens 8:6b). Paul ne voit aucune contradiction entre la seigneurie du Christ et l'unicité de Dieu.

2. Dans Philippiens 2:6-8, Paul parle de Jésus, « qui, existant en condition divine, n'a point regardé comme une proie à arracher d'être égal avec Dieu, mais s'est dépouillé lui-même, en prenant une condition de serviteur, en devenant semblable aux hommes. Ayant paru comme un simple homme, il s'est abaissé lui-même, se rendant obéissant jusqu'à la mort, même jusqu'à la mort de la croix ». En d'autres termes, Jésus a renoncé à ses prérogatives divines et est devenu un être humain. En tant qu'homme, il s'est humilié et a volontairement sacrifié sa vie pour que nous puissions vivre.

Il y avait de nombreux dieux dans la mythologie grecque. Ces « dieux » tuaient parfois des êtres humains, mais aucun d'entre eux n'a jamais donné sa vie pour les humains. Aucun d'entre eux n'est mort pour que les humains puissent vivre éternellement. Jésus n'était pas un dieu mythique.

Enfin, Paul dit : « C'est pourquoi Dieu l'a élevé à la plus haute place, et lui a donné le nom qui est au-dessus de tout nom, afin qu'au nom de Jésus tout genou fléchisse dans les cieux et sur la terre, et que toute langue confesse que Jésus-Christ est Seigneur, à la gloire de Dieu le Père. » (Philippiens 2:9-11).

Ces mots de la lettre de Paul aux Philippiens sont empruntés à Isaïe 45:22-23 où Isaïe affirme le monothéisme. Dieu dit : « Car je suis Dieu, et il n'y en a pas d'autre. » Inspiré par le Saint-Esprit, Paul identifie Jésus au seul vrai Dieu.

Paul identifie ensuite Jésus au Serviteur souffrant d'Ésaïe 52:13-15 ; 53:1-12 qui a été percé pour nos transgressions, qui a pris notre châtiment, qui a porté nos péchés, et qui intercède maintenant pour les transgresseurs.

3. La troisième et dernière raison pour laquelle Paul croit que sa vision de Jésus est enracinée dans l'Ancien Testament (et non dans la philosophie grecque) se trouve dans 2 Corinthiens 4:6. Paul écrit : « Car Dieu, qui a dit : Que la lumière brille du sein des ténèbres, a fait briller sa lumière dans nos cœurs pour faire resplendir la connaissance de la gloire de Dieu sur la face de Christ. » Paul se réfère ici à Genèse 1:3 où Dieu a créé la lumière. De même que la gloire de Dieu était visible dans la lumière qu'il a créée au commencement, de même maintenant, nous voyons la gloire de Dieu sur la face de Jésus-Christ.

7. Résumé

Paul puise sans cesse sa compréhension de Jésus dans l'Ancien Testament et dans l'Esprit de Dieu, et non dans la religion grecque. Pour Paul, Jésus est l'accomplissement des promesses de l'Ancien Testament, et le christianisme est la continuation du plan de salut de Dieu révélé dans les Écritures hébraïques.

Inspiré par l'Esprit, Paul ne voit aucune contradiction entre la divinité de Jésus et la doctrine du monothéisme de l'Ancien Testament.

IV. *Jésus, le Prince de la Paix*

Introduction

Le monde d'aujourd'hui est empreint de violence. La guerre et le génocide sont monnaie courante. Les cartels de la drogue se battent entre eux et s'affrontent avec les agences gouvernementales qui tentent de mettre un terme à la vente de drogues illicites. Les gangs de rue volent des innocents sous la menace d'une arme et tuent les membres de gangs rivaux qui s'introduisent sur leur territoire. La violence domestique est endémique, les maris et les femmes se maltraitant et allant même jusqu'à s'entretuer.

Presque tous les jours, des kamikazes se font exploser sur des marchés, dans le métro et dans d'autres lieux publics, tuant des innocents. Des parents transforment leurs enfants en bombes humaines, pensant les envoyer au paradis. Des plans élaborés sont élaborés pour faire exploser des avions, des ponts et des immeubles de grande hauteur. Les gouvernements tentent souvent de dissimuler ce qui se passe afin que les bonnes personnes ne s'y opposent pas.

Au Moyen Âge, les croisés « chrétiens » tuaient des innocents au nom du Christ, mais cela n'était pas conforme à la nature de Jésus. Les vrais chrétiens ne partent pas en guerre pour changer la religion des gens. C'était mal au Moyen Âge, et c'est toujours mal.

Êtes-vous fatigué de la violence ? Aspirez-vous à la paix et à la tranquillité ? Souhaitez-vous vous détendre et profiter de la compagnie de votre famille et de vos amis sans crainte ? En avez-vous assez de haïr et d'être haï ? Si c'est le cas, nous avons de bonnes nouvelles pour vous. Dieu a un plan pour restaurer la paix pour vous et pour le monde.

1. Dieu veut la paix

De tout temps, les êtres humains ont aspiré à la paix. Les hommes politiques ont promis la paix. Les manifestants anti-guerre ont essayé d'imposer la paix. Mais la paix ne vient pas des efforts humains. La paix vient de Dieu.

Au commencement, Dieu créa un environnement paisible pour Adam et Ève. L'harmonie régnait dans le jardin d'Éden. Adam et Ève étaient en paix avec Dieu, entre eux et avec les animaux.

Puis le péché est entré en scène et a tout gâché. En désobéissant à Dieu, Adam et Ève ont échangé leur paix contre le chaos, la honte et le chagrin. La Bible est l'histoire des efforts de Dieu pour restaurer la paix dans la race humaine.

Aaron, le grand-prêtre et frère aîné de Moïse, dit aux Israélites : « Que l'Éternel vous bénisse et vous garde ! Que l'Éternel fasse briller sur vous sa face et vous accorde sa grâce ! Que l'Éternel tourne sa face vers vous et vous donne la paix ! » (Nombres 6:24-26).

Le prophète Jérémie a écrit : « Je connais les projets que j'ai formés sur vous, dit l'Éternel, projets et pensées de paix et de bonheur, et non de malheur. » (Jérémie 29:11, Bible amplifiée).

Dieu veut être en paix avec nous et il veut que nous soyons en paix avec les autres. C'est pourquoi il a élaboré un plan qui mène à une paix inébranlable, une paix qui nous garde calmes et sereins pendant les tempêtes les plus violentes de la vie.

2. Isaïe préfigure le Prince de la paix

Vers 700 av. J.-C., Ésaïe écrivait : « Car un enfant nous est né, un fils nous est donné… Et on l'appellera Admirable, Conseiller, Dieu puissant, Père éternel, Prince de la paix » (Ésaïe 9:6).

Cette prophétie annonçait Jésus. Jésus est le Prince de la Paix.

La nuit de la naissance de Jésus, des anges apparurent aux bergers dans un champ et dirent : « Gloire à Dieu au plus haut des cieux, et paix sur la terre aux hommes qu'il agrée » (Luc 2:14). La naissance de Jésus a apporté la gloire à Dieu et la paix à ceux qui sont en règle avec Dieu.

3. Jésus, le Prince de la Paix

La meilleure façon d'évaluer une religion est d'examiner la vie et les enseignements de son fondateur. Regardons la nature pacifique de Jésus de Nazareth.

Jésus est venu dans le monde non pas pour le condamner mais pour le sauver (Jean 3:17). Jésus n'a pas décapité les gens et jeté leurs corps dans des tranchées. Son royaume n'était pas de ce monde et ses disciples n'ont pas combattu pour empêcher son arrestation par les Juifs (Jean 18:36). Lorsque les soldats ont arrêté Jésus dans le jardin de Gethsémané, Pierre a tiré son épée et a coupé l'oreille droite de Malcus, le serviteur du grand prêtre. Jésus a réprimandé Pierre en disant : « Remets ton épée ! » (Jean 18:11).

Jésus n'a jamais ordonné que des gens soient tués s'ils blasphémaient son nom. Il n'a jamais réduit en esclavage des prisonniers capturés au combat. En fait, Jésus n'a jamais combattu dans une bataille militaire. Il était le Prince de la Paix.

Jésus n'avait pas de nombreuses épouses. Il ne s'est jamais marié. Marie, Marthe et Marie-Madeleine étaient des amies proches, mais sa relation avec elles était spirituelle et non physique. En tant qu'homme célibataire, Jésus pouvait se consacrer pleinement à l'accomplissement de la volonté de Dieu.

Jésus n'a pas forcé les gens à croire en lui. À un moment donné, beaucoup de ses disciples se sont détournés de lui et ont cessé de le suivre (Jean 6:66). Mais il ne les a pas traités d'infidèles et ne les a pas fait tuer. Il les a simplement laissés partir. Jésus était le Prince de la Paix.

Vers la fin de sa vie, Jésus traversa la Samarie pour se rendre à Jérusalem. Il envoya des messagers en avant pour lui préparer le chemin dans un village samaritain, mais les habitants ne l'accueillirent pas. Quand Jacques et Jean virent cela, ils dirent : « Seigneur, veux-tu que nous fassions descendre le feu du ciel pour les détruire ? » (Luc 9.54). Jésus réprimanda Jacques et Jean et se rendit dans un autre village (Luc 9.56). L'acceptation de Jésus était volontaire. Il était le Prince de la Paix.

Jésus a enseigné à ses disciples à pardonner à ceux qui ont péché contre eux (Luc 11:4). Il ne leur a pas appris à se venger de ceux qui les ont déshonorés, eux, leur famille ou leur religion. Il n'a pas riposté lorsqu'il a été maltraité. Il n'a pas ordonné la mort de ses ennemis. Au lieu de cela, il a prié : « Père, pardonne-leur » (Luc 23:34). Jésus était le Prince de la Paix.

Le terrorisme, les combats et les meurtres au nom de Dieu sont incompatibles avec le caractère de Jésus. Jésus n'a jamais mené de raid. Il n'a jamais tué personne. Au contraire, il a dit : « Aimez vos ennemis, et priez pour ceux qui vous persécutent » (Matthieu 5:44). « Si quelqu'un te frappe sur la joue droite, présente-lui aussi l'autre » (Matthieu 5:39). « Si quelqu'un te force à faire un mille, fais-en deux avec lui » (Matthieu 5:41). « Heureux les miséricordieux, car il leur sera fait miséricorde » (Matthieu 5:7). « Heureux les artisans de paix, car ils seront appelés fils de Dieu » (Matthieu 5:9). « Tout ce que vous voudriez que les hommes fassent pour vous, faites-le pour les autres » (Matthieu 7:12).

Jésus était un chef spirituel, pas un chef militaire. Si tous les êtres humains suivaient l'exemple et les enseignements de Jésus, les gens transformeraient leurs épées en socs de charrue et leurs lances en serpes (Ésaïe 2:4). Ils cesseraient de se battre les uns contre les autres et commenceraient à combattre Satan.

L'apôtre Paul a dit : « Si nous vivons dans le monde, nous ne combattons pas selon le monde. Les armes avec lesquelles nous combattons ne sont pas des armes du monde ; au contraire, elles ont la puissance de Dieu pour renverser des forteresses. Nous détruisons les raisonnements et toute hauteur qui s'élève contre la connaissance de Dieu, et nous amenons toute pensée captive à l'obéissance de Christ » (2 Corinthiens 10:3-5).

4. La paix avec Dieu

L'apôtre Paul écrit : « Nous avons la paix avec Dieu par notre Seigneur Jésus-Christ » (Romains 5:1). Paul explique : « Dieu a prouvé son amour envers nous en ceci : lorsque nous étions encore des pécheurs, Christ est mort pour nous » (Romains 5:8). En sacrifiant sa vie sur la croix, Jésus nous a réconciliés avec Dieu.

Paul poursuit : « Car si, lorsque nous étions ennemis, nous avons été réconciliés avec Dieu par la mort de son Fils, à plus forte raison, étant réconciliés, serons-nous sauvés par sa vie » (Romains 5.10). Le terme « réconciliés » signifie que nous sommes désormais en bons termes avec Dieu. Dieu nous a réconciliés avec lui par le Christ « en faisant la paix par son sang versé sur la croix » (Colossiens 1.19-20). Jésus est mort pour rétablir la paix entre nous et Dieu.

5. La paix avec les autres

Jésus nous donne aussi la paix avec les autres. Il élimine le racisme, les préjugés et l'hostilité. Il est mort pour établir la paix entre les Juifs et les non-Juifs. Il les a « réconciliés l'un et l'autre avec Dieu par la croix, par laquelle il a mis à mort leur inimitié » (Éphésiens 2:14-16).

Jésus est notre paix. Il a prêché la paix aux Juifs comme aux non-Juifs et nous a réconciliés avec Dieu et les uns avec les autres. Lorsque nous le suivons, la paix règne dans le monde. Jésus nous dirait : « S'il est possible, autant que cela dépend de vous, vivez en paix avec tous » (Romains 12:18). « Efforcez-vous de vivre en paix avec tous les hommes et d'être saints » (Hébreux 12:14). « Que la paix de Christ règne dans vos cœurs… puisque c'est à cette paix que vous avez été appelés » (Colossiens 3:15).

C'est ce que Pierre voulait dire quand il dit à Corneille, le centurion romain, et à sa famille : « Je reconnais maintenant que Dieu ne fait point de favoritisme, mais qu'il accueille des hommes de toute nation, ceux qui le craignent et pratiquent la justice. Vous savez quelle est la bonne nouvelle que Dieu a envoyée au peuple d'Israël, annonçant la paix par Jésus-Christ, qui est le Seigneur de tous » (Actes 10:34-36).

6. La paix de Dieu

La vie n'est pas facile. Elle n'est pas non plus juste. Sans que ce soit de notre faute, la vie nous échappe souvent. Un être cher meurt d'un cancer. Nous perdons notre emploi et donc notre source de revenus. Notre famille a faim. Notre bébé est mort-né et enterré dans un cimetière. La banque saisit notre propriété. Notre fils est tué sur le champ de bataille.

La vie est pleine de difficultés. Avoir la paix de Dieu ne signifie pas que nous ne souffrons pas. Cela signifie que Dieu nous donne la paix au milieu de la souffrance. Jésus rend cela possible. Il nous aide à traverser les moments difficiles. Comme le dit Paul : « Le Seigneur est proche. Ne vous inquiétez de rien, mais en toute chose faites connaître vos besoins à Dieu par des prières et des supplications, avec des actions de grâces. Et la paix de Dieu, qui surpasse toute intelligence, gardera vos cœurs et vos pensées en Jésus-Christ. » (Philippiens 4:5b-7).

La paix intérieure que nous recevons lorsque nous mettons notre confiance en Dieu défie toute explication. Les non-croyants ne peuvent tout simplement pas la comprendre. Cette paix intérieure protège notre cœur et notre esprit du désespoir.

Jésus nous dit : « Venez à moi, vous tous qui êtes fatigués et chargés, et je vous donnerai du repos. Prenez mon joug sur vous et recevez mes instructions, car je suis doux et humble de cœur. Et vous trouverez du repos pour vos âmes » (Matthieu 11:28-29). Jésus nous invite à venir à lui pour être soulagés. Le joug qu'il place sur nous n'apporte pas l'esclavage. Il apporte la paix.

Conclusion

Nous sommes engagés dans une bataille cosmique contre les forces du mal, mais nous ne faisons pas la guerre comme le fait le monde. Nous combattons avec des armes spirituelles. Ces armes spirituelles nous permettent de vaincre les arguments trompeurs de Satan et elles conduisent le monde vers la paix et l'harmonie.

Jésus est le Prince de la Paix. Il nous appelle à la paix, non au terrorisme, à la mort et à la destruction.

La question est : suivrons-nous le Prince de la Paix ? Le choix nous appartient, tout comme les conséquences de notre décision.

V. Jésus, l'homme parfait

Introduction

Le personnage de Jésus décrit dans Matthieu, Marc, Luc et Jean n'est pas quelque chose que les êtres humains auraient pu inventer.

Les auteurs des Évangiles étaient des hommes ordinaires. Ils n'étaient pas des génies littéraires. Pourtant, l'homme qu'ils ont décrit a influencé des civilisations et transformé la vie de millions de personnes. Il n'y a personne d'autre comme Jésus sans péché dans toute la littérature humaine. Comment expliquer cela ?

1. Le Jésus biblique a-t-il été inventé ?

Il aurait été pratiquement impossible à Matthieu, Marc, Luc et Jean d'inventer le personnage de Jésus. Qui parmi les disciples de Jésus avait les compétences littéraires nécessaires pour inventer les paroles profondes de Jésus ou pour imaginer sa vie et son caractère sans tache ? Jean, le pêcheur sans instruction, avait-il cette capacité ? Matthieu, le collecteur d'impôts détesté ? Saul de Tarse (avant de devenir l'apôtre Paul) était l'ennemi de Jésus. Il a personnellement déclaré le djihad contre les chrétiens. Il a utilisé des tactiques terroristes pour les rassembler, les mettre en prison et les faire exécuter parce qu'ils ne suivaient pas la religion de sa nation. Y a-t-il parmi les premiers disciples de Jésus qui soient capables d'inventer les paroles profondes et souvent difficiles de Jésus ? Comment un homme ordinaire pourrait-il inventer la plus grande histoire jamais racontée – une histoire qui éclipse les meilleures œuvres des plus grands écrivains de l'histoire humaine ?

2. Le climat moral et religieux

On a dit qu'« aucun cours d'eau ne peut s'élever au-dessus de sa source ». L'humanité ne peut pas non plus se transcender elle-même. Comment donc Jésus, l'homme idéal, a-t-il pu s'élever et prospérer dans un monde aussi imparfait ? Pensez à l'immoralité de Rome et au légalisme et à l'étroitesse d'esprit de la Judée. Personne dans cette génération n'aurait pu imaginer une personne aussi pure, humble, altruiste et pardonnante que Jésus s'il n'avait pas vécu parmi eux. Jésus s'est élevé au-dessus des normes morales et éthiques les plus élevées que le monde ait jamais connues. Il n'y a pas d'équivalent à Jésus dans l'histoire humaine.

Jésus n'était pas seulement pur ; il avait aussi un pouvoir purificateur, et il a mis ce pouvoir purificateur à notre disposition. Les disciples sincères de Jésus ont, à travers les âges, connu une croissance spirituelle en puisant dans un pouvoir qui les dépassait.

3. Jésus était-il juif ?

Jésus est né de parents juifs à Bethléem en Judée. Il a été élevé à Nazareth, une petite ville juive. Il fréquentait une synagogue juive avec ses parents et a été éduqué dans une école juive. Tous ses amis et parents les plus proches étaient juifs et les clients de son atelier de menuiserie étaient juifs. Pourtant, Jésus n'était pas un Juif typique. Jean-Baptiste était typiquement juif. Il en était de même pour Saul de Tarse, qui devint l'apôtre Paul. Mais pas Jésus. Jésus était juif, mais il n'était pas limité par le judaïsme. Rien dans le judaïsme n'explique le caractère de Jésus.

L'image biblique de Jésus n'est pas non plus un portrait typiquement païen. Aucun des philosophes, des géants littéraires ou des héros politiques de la Grèce et de Rome n'a jamais été aussi proche du caractère parfait de Jésus. Socrate et Platon, deux des plus grands philosophes de tous les temps, étaient des hommes immoraux. Les normes morales dans la Rome antique étaient aussi basses qu'elles le sont aujourd'hui à Hollywood. Comment, alors, pouvons-nous expliquer le caractère de Jésus ?

4. Jésus, plein de grâce et de vérité

L'apôtre Jean a suivi Jésus pendant trois ans, écoutant ses paroles et observant ses actions. Plus tard, Jean décrira Jésus comme un homme « plein de grâce et de vérité » (Jean 1:14).

Remarquez ici que Jésus était « plein de grâce ». Cela signifie que Jésus était bon, doux, généreux, pardonnant et aimant. Il était gracieux en pensées, en attitude, en disposition, en paroles et en actes. Les gens ordinaires venaient à lui avec joie, et il leur répondait avec compassion. Il nourrissait les affamés, guérissait les malades, purifiait les lépreux, ressuscitait les morts et les rendait à leurs familles. Il attirait les petits enfants et les bénissait par un toucher tendre. Une femme surprise en adultère lui fut amenée pour être jugée, et il lui pardonna. Il dit : « Va, et ne pèche plus » (Jean 8:11, KJV). Jésus était plein de grâce.

Jésus était également plein de « vérité ». Il a dit : « Je suis le chemin, la vérité et la vie » (Jean 14:6). Ses paroles sont pleines de vérité. Contrairement à nous tous, il n'a jamais menti. Lorsqu'il faisait une promesse, il la tenait. Tout au long de sa vie, Jésus a conservé son intégrité. La vérité faisait partie de son caractère.

C'est la combinaison de la grâce et de la vérité qui a donné à Jésus la force de caractère. La grâce seule peut conduire à la faiblesse. La vérité seule peut conduire à la dureté, à la sévérité et à la sévérité. Mais la vérité parfaitement mêlée à la grâce conduit à la force de caractère. De nombreux êtres humains possèdent l'un ou les deux de ces éléments, mais seul Jésus les possédait en parfait équilibre.

5. **Jésus, un homme sans péché**

La chose la plus étonnante que nous apprenons sur Jésus est peut-être qu'il était absolument sans péché. Les ennemis de Jésus le surveillaient comme un faucon, essayant de trouver quelque chose contre lui. Ils envoyèrent leurs plus brillants avocats pour l'interroger, espérant le piéger. Mais ils échouèrent. Au lieu de cela, Jésus demanda à ses accusateurs : « Quelqu'un d'entre vous peut-il me prouver coupable de péché ? » (Jean 8:46). Ils n'y parvinrent pas. Même si Jésus fut défié par des chefs religieux hostiles tout au long de son ministère, il ne perdit jamais son sang-froid. « Quand ils l'injuriaient, il ne rendait pas ; quand il souffrait, il ne faisait aucune menace » (1 Pierre 2:23). Même Pilate, le gouverneur romain, a dit : « Je ne trouve aucun crime en cet homme » (Luc 23:4, LSG). La haute cour juive a condamné Jésus à mort seulement après que de faux témoins eurent témoigné contre lui. Les ennemis de Jésus ne pouvaient honnêtement pas le prouver coupable de péché.

Les disciples les plus proches de Jésus ont vécu avec lui nuit et jour, sept jours sur sept, pendant plus de trois ans. Ils voyageaient avec lui à pied et en bateau. Ils partageaient ses repas et enduraient des hostilités communes. Ils écoutaient tout ce qu'il disait. Ils observaient son comportement dans les bons comme dans les mauvais moments. Si Jésus avait trébuché ne serait-ce qu'une seule fois, ils l'auraient su. Mais Pierre, l'un des plus proches compagnons de Jésus, a écrit : « Il n'a point commis de péché, et dans sa bouche il ne s'est point trouvé de fraude » (1 Pierre 2:22).

L'auteur de l'épître aux Hébreux, qui s'appuyait sur le témoignage d'autres témoins oculaires, a écrit : « Nous n'avons pas un souverain sacrificateur qui ne puisse compatir à nos faiblesses ; au contraire, il a été tenté comme nous en toutes choses, sans commettre de péché » (Hébreux 4:15). Les disciples de Jésus ne lui ont trouvé aucun défaut.

La nature sans péché de Jésus se voit aussi dans ses prières. Dans ses prières les plus intimes à Dieu, il n'y a aucune trace de remords dû au péché. Il n'y a aucune confession de tort, aucune trace de repentir. Il a prêché la repentance aux autres (Matthieu 4:17), mais lui-même n'avait pas besoin de se repentir. Il a félicité un collecteur d'impôts pour avoir prié : « Ô Dieu, aie pitié de moi, pécheur » (Luc 18:13), mais Jésus n'a jamais imploré Dieu de lui accorder sa miséricorde. Il a enseigné à ses disciples à prier pour le pardon (Luc 11:4), mais il n'a jamais demandé pardon une seule fois. Pourquoi ? Parce qu'il n'avait aucun péché. Il n'a jamais rien fait qu'il ait regretté. Il n'a rien fait qui ait déplu à Dieu. Sa conscience n'a jamais été troublée par le souvenir de péchés passés. Jésus était sans péché. Le contraste entre Jésus et tous les autres hommes est net et réel. Comment pouvons-nous expliquer la vie sans tache de Jésus ? La vie sans péché de Jésus était le résultat de son caractère unique.

6. Signes d'un reportage honnête

Les récits évangéliques de Jésus portent tous les signes d'une narration honnête. Lorsque les citoyens de Nazareth rejetèrent Jésus et tentèrent de le tuer, Luc le rapporta (Luc 4:14-30). Lorsque les ennemis de Jésus l'accusèrent d'être un glouton et un ivrogne, Matthieu le rapporta (Matthieu 11:19). Lorsqu'ils l'accusèrent d'être un blasphémateur, Marc le rapporta (Marc 14:64). Lorsque ses ennemis l'accusèrent d'être un menteur (Matthieu 27:63) et possédé par un démon (Jean 8:48), les auteurs des Évangiles le rapportèrent également. Lorsque les gens louèrent Jésus alors qu'il entrait à Jérusalem sur le dos d'un âne, les auteurs des Évangiles le rapportèrent également (Matthieu 21:1-9 ; Marc 11:1-10 ; Luc 19:29-38 ; Jean 12:12-15). Ils n'essayèrent pas de blanchir les insultes. Ils rapportèrent le bien et le mal. C'est une preuve solide de l'honnêteté des informations rapportées. Cela nous donne des raisons de croire que le Jésus dont parle la Bible est le véritable Jésus historique.

7. Le personnage de Jésus survit aux attaques

Des attaques virulentes ont été lancées contre Jésus par des athées, des théologiens, des mystiques et des sceptiques de toutes sortes. Pourtant, l'image impressionnante de Jésus, l'homme sans péché de Galilée, demeure.

Comment expliquer le caractère de Jésus ? Les critiques peuvent analyser et critiquer les évangiles autant qu'ils le veulent, mais ils ne peuvent pas détruire le portrait présenté dans le Nouveau Testament. Quatre auteurs d'évangiles d'horizons divers et de points de vue différents ont brossé un portrait unifié de Jésus comme l'homme parfait – un homme qui a fait connaître Dieu au monde (Jean 1:18).

Comme quelqu'un l'a dit, l'image biblique de Jésus nous surprend, nous surprend et nous coupe le souffle. Elle n'est pas celle à laquelle nous nous attendions. Nous n'aurions pas pu l'inventer. Et pourtant, plus nous l'observons, plus Jésus nous apparaît comme un Dieu. Elle est trop surhumaine pour ne pas être vraie. Et elle entraîne tous les croyants sérieux dans une communion plus étroite avec Dieu.

Conclusion

Plus nous étudions les Évangiles en profondeur, plus nous voyons des preuves qu'ils sont basés sur des témoignages oculaires et que les auteurs ont fidèlement rapporté ce qu'ils avaient vu et entendu.

VI. Jésus, la gloire de Dieu

Introduction

« *Les cieux racontent la gloire de Dieu, les nues publient l'ouvrage de ses mains. Jour après jour ils proclament la parole, nuit après nuit ils proclament la connaissance. Il n'est point de discours, point de langue, point de langage dont la voix ne soit entendue* » (Psaumes 19:1-3).

Une photo d'Andromède a été prise par le télescope spatial Hubble. Andromède est la jumelle de notre galaxie, la Voie lactée, à la différence qu'elle est deux fois plus grande et compte mille milliards d'étoiles. La lumière, qui se déplace à 300 000 kilomètres par seconde, doit parcourir 220 000 ans pour aller d'un côté à l'autre d'Andromède. Pourtant, Andromède n'est qu'une tache par rapport à l'univers tout entier.

Comment vous sentez-vous ? Il n'est pas étonnant que David ait prié ainsi : « *Quand je contemple tes cieux, ouvrage de tes doigts, la lune et les étoiles que tu as créées, qu'est-ce que l'homme, pour que tu te souviennes de lui, ou le fils de l'homme, pour que tu prennes soin de lui* ? » (Psaumes 8:3-4).

Mais avant de vous sentir insignifiant, rappelez-vous que l'immensité de l'univers n'a pas pour but de nous faire sentir petits. L'univers ne nous concerne pas, mais Dieu. Il révèle sa gloire. Peu de choses sont plus impressionnantes que de contempler les étoiles et les planètes par une nuit sombre et claire.

« *L'Éternel a fait les cieux. La splendeur et la majesté sont devant lui. . . . Familles des nations, rendez à l'Éternel gloire et force, rendez à l'Éternel gloire due à son nom* » (1 Chroniques 16:26b-29a).

1. La gloire de Dieu est également visible sur la terre.

Qui peut regarder le soleil se lever sur les majestueux Grand Tetons au-dessus du lac Jackson sans ressentir un sentiment d'émerveillement ? Ou qui peut regarder la lune se lever sur Half Dome dans le parc national de Yosemite, avec ses falaises de granit hautes de plusieurs kilomètres, sans être ému par la gloire de Dieu ?

Le prophète Isaïe a eu une vision de Dieu dans le temple. Autour du trône de Dieu, des êtres angéliques s'appelaient les uns les autres en disant : « *Saint, saint, saint est l'Éternel des armées ! Toute la terre est pleine de sa gloire* » (Isaïe 6:3). Dieu est un Dieu de gloire, de splendeur, de rayonnement et d'honneur.

Les êtres humains reflètent la gloire de Dieu. Le visage de Moïse était rayonnant lorsqu'il descendit du mont Sinaï après avoir été en présence de Dieu (Exode 34:33-35 ; 2 Corinthiens 3:7-18).

Les êtres humains ont été créés pour révéler la gloire de Dieu. Dieu dit à Ésaïe : « *Fais venir mes fils des pays lointains, et mes filles des extrémités de la terre, tous ceux sur qui porte mon nom, que j'ai créés pour ma gloire* » (Ésaïe 43:6b-7).

L'apôtre Paul a écrit : « *Soit donc que vous mangiez, soit que vous buviez, soit que vous fassiez quelque autre chose, faites tout pour la gloire de Dieu* » (1 Corinthiens 10:31). Nous avons été créés pour contempler la gloire de Dieu et la refléter.

Mais il y a un problème parmi les êtres humains. Le problème est que beaucoup de gens ont ignoré Dieu. Dieu a révélé sa puissance éternelle et sa nature divine dans les choses qu'il a créées (Romains 1:20). Pourtant, certains ne le glorifient pas comme Dieu et ne lui rendent pas grâces (Romains 1:21). Au lieu de cela, ils ont « *échangé la gloire du Dieu immortel* » contre des idoles de leur propre fabrication (Romains 1:23).

L'idolâtrie revêt de nombreuses formes. L'adoration de soi est de l'idolâtrie. L'avidité aussi. Des milliards de personnes vénèrent l'argent et passent leur vie entière à essayer de l'acquérir. D'autres vénèrent la célébrité, le pouvoir et le plaisir. Tout ce qui accapare nos pensées et nous éloigne de Dieu est une idole – un faux dieu.

Lorsque les gens rejettent Dieu de leurs pensées, ils deviennent fous (Romains 1:28). Leur cœur insensé est obscurci (Romains 1:21-22). Ils s'adonnent à des désirs pécheurs et à l'impureté sexuelle. Leur esprit dépravé les conduit à toutes sortes de comportements antisociaux : méchanceté, malice, cupidité, dépravation, envie, meurtre, querelle, tromperie, malice, commérages, calomnies, haine de Dieu, insolence, arrogance, vantardise, désobéissance aux parents, cruauté et cruauté (Romains 1:21-32).

En fait, « *tous ont péché et sont privés de la gloire de Dieu* » (Romains 3:23). Nous avons besoin de quelqu'un qui nous ramène à Dieu et qui nous montre sa gloire.

2. Jésus apporte la gloire à Dieu.

La nuit où Jésus est né à Bethléem, un grand nombre d'anges sont apparus aux bergers dans un champ, louant Dieu et disant : « *Gloire à Dieu au plus haut des cieux, et paix sur la terre aux hommes qu'il agrée* » (Luc 2:13-14). La naissance de Jésus a rendu gloire à Dieu.

Le vieux prophète Siméon prit l'enfant Jésus dans ses bras et loua Dieu en disant : « *Seigneur Seigneur, comme tu l'as promis... mes yeux ont vu ton salut... lumière pour éclairer les nations et pour glorifier Israël, ton peuple* » (Luc 2:29-32). Cet enfant que Siméon tenait dans ses bras allait devenir la « lumière du monde ». Il allait révéler la gloire de Dieu à l'humanité (Jean 8:12).

Alors que Jésus et ses apôtres traversaient le Jourdain, à l'est de Jérusalem, ils reçurent la nouvelle que Lazare était malade. Jésus dit à ses apôtres : « *Cette maladie n'est pas la mort ; elle est pour la gloire de Dieu, afin que le Fils de Dieu soit glorifié par elle* » (Jean 11:4).

Lorsque Jésus arriva à Béthanie, Lazare était mort depuis quatre jours. Son corps avait été enveloppé dans un linceul et déposé dans un tombeau, et une pierre avait été roulée devant l'entrée. Jésus dit : « *Ôtez la pierre* » (Jean 11:39). Marthe, la sœur de Lazare, dit : « *Mais Seigneur, il y a maintenant une mauvaise odeur* » (Jean 11:39). Jésus lui répondit : « *Ne t'ai-je pas dit que si tu croyais, tu verrais la gloire de Dieu* ? » (Jean 11:40).

Alors Jésus cria d'une voix forte : « *Lazare, sors* ! » Le mort sortit enveloppé de son linceul. Jésus dit : « *Ôtez-lui son linceul et laissez-le aller* » (Jean 11:43-44). En ressuscitant Lazare, Jésus et Dieu furent glorifiés.

3. Jésus partage la gloire de Dieu.

L'apôtre Paul nous avertit que Satan « *a aveuglé l'intelligence des incrédules, pour qu'ils ne vissent pas briller la splendeur de l'Évangile de la gloire de Christ, qui est l'image de Dieu* » (2 Corinthiens 4:4). L'Évangile de Christ parle de la gloire de Jésus.

En même temps, il s'agit de la gloire de Dieu. Dieu a « *fait briller sa lumière dans nos cœurs pour faire resplendir la connaissance de la gloire de Dieu sur la face de Christ* » (2 Corinthiens 4:6). La gloire de Dieu se voit en Jésus.

4. Jésus a eu la gloire depuis l'éternité.

La nuit précédant sa crucifixion, Jésus a prié : « *Et maintenant, Père, glorifie-moi auprès de toi de la gloire que j'avais auprès de toi avant la création du monde* » (Jean 17:5).

Jésus était divin, mais il s'est dépouillé de ses prérogatives divines et est devenu un être humain. Il a été obéissant jusqu'à la mort, même jusqu'à la mort sur une croix. C'est pourquoi Dieu l'a hautement exalté. En fin de compte, les hommes, les anges et les démons se prosterneront tous devant lui et le confesseront comme Seigneur « *à la gloire de Dieu le Père* » (Philippiens 2:5-11). Adorer Jésus rend gloire à Dieu le Père.

5. Jésus et Dieu partagent des noms.

Dans Apocalypse 1:8, Dieu dit : « Je suis l'Alpha et l'Oméga… celui qui est, qui était, et qui vient, le Tout-Puissant . » Alpha est la première lettre de l'alphabet grec. Oméga est la dernière. Il n'y a pas de lettre avant Alpha, ni après Oméga. Personne n'est venu avant Dieu, et personne ne viendra après lui. Dieu est éternel.

Dans Ésaïe 44:6, Dieu dit : « Je suis le premier et je suis le dernier. » Pourtant, Jésus a fait la même déclaration lorsqu'il a dit : « Je suis l'Alpha et l'Oméga, le Premier et le Dernier, le Commencement et la Fin. » (Apocalypse 22:13). Ces paroles n'ont PAS été prononcées par Dieu Tout-Puissant. Elles ont été prononcées par Jésus (Apocalypse 22:16).

Comment Dieu Tout-Puissant et Jésus-Christ peuvent-ils être tous deux « l'Alpha et l'Oméga » ? Comment peuvent-ils être tous deux « le Commencement et la Fin » ? La seule réponse logique est qu'ils sont UN. Ils sont deux personnes divines qui constituent un seul Dieu, et non deux.

Jésus et Dieu partagent également le nom « JE SUIS ». Dieu dit à Moïse : « Dis aux Israélites : « JE SUIS m'a envoyé vers vous » (Exode 3:14). Dieu est l'Éternel, l'Existant par Lui-même. Pourtant, Jésus a également utilisé le nom « JE SUIS » en référence à lui-même lorsqu'il a dit : « En vérité, en vérité, je vous le dis, avant qu'Abraham fût, JE SUIS » (Jean 8:58). Par ces mots, Jésus a affirmé être l'Éternel, l'Existant par Lui-même.

Jean écrit : « Au commencement était le Verbe, et le Verbe était avec Dieu (en grec ton theon, qui signifie « Dieu »), et le Verbe était Dieu (en grec theos, qui signifie « Dieu ») » (Jean 1:1-2). Jean fait une distinction entre « le Dieu » et « le Verbe ». Tous deux sont divins, et les deux constituent un seul Dieu, et non deux. Jean continue : « Le Verbe s'est fait chair, et il a habité parmi nous, pleine de grâce et de vérité. Nous avons contemplé sa gloire, une gloire comme la gloire de l'Unique venu du Père » (Jean 1:14). Le Verbe (le Logos divin) est venu du Père et s'est fait chair à la naissance de Jésus.

Jean écrit encore : « Dieu, l'Unique, qui est auprès du Père, l'a fait connaître » (Jean 1, 18). Jésus-Christ est appelé « Dieu, l'Unique ». Il est auprès du Père et il nous a fait connaître le Père.

Paul a écrit : « Dieu a voulu que toute plénitude habitât en lui [Jésus] » (Colossiens 1:19). C'est pourquoi, « nous attendons la bienheureuse espérance, et la manifestation de la gloire du grand Dieu et Sauveur Jésus-

Christ » (Tite 2:13). Paul appelle Jésus « Dieu et Sauveur ». Pierre, lui aussi, appelle Jésus « notre Dieu et Sauveur » (2 Pierre 1:1). Bien que distinct du Père, Jésus est notre divin Sauveur.

De même, l'auteur de la lettre aux Hébreux dit : « Le Fils est le rayonnement de la gloire de Dieu et l'empreinte parfaite de son être » (Hébreux 1:3). Les Écritures sur la divinité de Jésus se recoupent. Jésus est la gloire de Dieu. Il est la Parole divine qui s'est faite chair.

Conclusion

Jésus nous a montré comment nous pouvons être des fils et des filles de Dieu qui voient et reflètent sa gloire. Nous voyons la gloire de Dieu dans sa création, et nous voyons la gloire de Dieu en Jésus-Christ, qui a partagé la gloire du Père depuis l'éternité.

VII. Jésus, le Fils de l'homme

Introduction

Le titre préféré de Jésus pour s'attribuer le titre de « Fils de l'homme » apparaît quatre-vingt fois dans le Nouveau Testament, généralement en référence à Jésus. Il signifie « le fils de l'humanité ».

Pourquoi Jésus a-t-il préféré ce titre à tous les autres ? Que voulait dire Jésus à propos de lui-même lorsqu'il a adopté le titre de « Fils de l'homme » ? Dans cette leçon, nous examinerons les paroles de Jésus et de ses disciples afin de comprendre pourquoi Jésus a utilisé ce titre.

1. Jésus était pleinement humain.

Matthieu fait remonter la généalogie de Jésus à Abraham par l'intermédiaire de Joseph, le père légal de Jésus (Matthieu 1:1-16). Luc la fait remonter à Adam par l'intermédiaire de Marie, la mère biologique de Jésus (Luc 3:23-38). La généalogie de Luc révèle que Marie était une descendante de Juda et de David. Les ancêtres de Jésus étaient des personnes réelles.

Qui peut nous donner la lignée du Père Noël ? Les personnages légendaires n'ont pas de généalogies authentiques. Jésus de Nazareth était, selon la chair, un descendant de David.

2. La naissance humaine de Jésus

Matthieu écrit : « *Voici de quelle manière arriva la naissance de Jésus-Christ. Marie, sa mère, était fiancée à Joseph ; mais, avant qu'ils habitent ensemble, elle se trouva enceinte par la vertu du Saint-Esprit* » (Matthieu 1:18).

Lorsque Joseph apprit que Marie était enceinte, il décida de divorcer en secret. Mais l'ange de Dieu lui apparut en songe et lui dit : « *Joseph, fils de David, ne crains pas de prendre Marie pour femme, car l'enfant qu'elle a conçu vient du Saint-Esprit. Elle enfantera un fils, et tu lui donneras le nom de Jésus, car c'est lui qui sauvera son peuple de ses péchés* » (Matthieu 1:20-21).

Jésus n'a pas été conçu par union sexuelle mais par la volonté de Dieu. Le Dieu qui a créé l'univers et qui a rempli la terre de créatures vivantes a utilisé son pouvoir pour préparer le corps d'un bébé pour Jésus.

Vers la fin de la grossesse de Marie, César Auguste décide de procéder à un recensement dans tout l'empire romain. Joseph et Marie étant tous deux de la famille de David, ils quittent Nazareth et se rendent à Bethléem pour s'enregistrer. « *Pendant qu'ils étaient là, le temps où l'enfant devait naître arriva, et Marie mit au monde son premier-né, un fils. Elle l'emmaillota et le coucha dans une crèche, car il n'y avait pas de place pour eux dans la salle commune* » (Luc 2:6-7).

Jésus n'est pas né dans le palais d'un roi. Il est né dans une étable. Il a été enveloppé de bandelettes et placé dans une mangeoire. Son premier lit était une mangeoire pour les animaux.

3. L'enfance humaine de Jésus

A l'âge de huit jours, Jésus fut circoncis (Luc 2,21). A l'âge de quarante jours, Joseph et Marie l'emmenèrent au temple pour le rite de la purification (Luc 2,22-24). Plus tard, ils retournèrent chez eux à Nazareth en Galilée, et c'est là que Jésus grandit.

Luc rapporte que « *l'enfant grandit et devint fort ; il fut rempli de sagesse, et la grâce de Dieu reposait sur lui* » (Luc 2:40). Dieu a rempli Jésus de sagesse et lui a donné un caractère bienveillant et gracieux. En tant qu'enfant, Jésus était extraordinaire, mais il était humain.

Quand Jésus avait douze ans, ses parents l'emmenèrent à Jérusalem pour la fête de la Pâque. À la fin de la fête, ils rejoignirent la caravane et retournèrent à Nazareth. Ils pensaient que Jésus était en compagnie de voyageurs, mais il était resté à Jérusalem.

Sa mère lui demanda : « *Mon enfant, pourquoi nous as-tu agi de la sorte ? Ton père et moi, nous te cherchions avec anxiété* » (Luc 2:48). Jésus lui répondit : « *Pourquoi me cherchiez-vous ? Ne saviez-vous pas qu'il me faut être dans la maison de mon Père* ? » (Luc 2:49). Même à un jeune âge, Jésus faisait référence à Dieu comme à son Père.

Après cela, Jésus les accompagna à Nazareth, et il leur était soumis (Luc 2:51). « *Jésus croissait en sagesse, en stature, et en grâce, devant Dieu et devant les hommes* » (Luc 2:52).

4. Les années silencieuses

Rien dans les Ecritures ne laisse penser que Jésus aurait passé sa jeunesse en Inde à étudier auprès de maîtres brahmaniques et bouddhistes. Au contraire, il existe des preuves qu'il aurait séjourné à Nazareth et serait devenu charpentier.

Quand Jésus commença à enseigner dans la synagogue de Nazareth, à l'âge de trente ans, beaucoup de gens furent étonnés de sa sagesse. Ils demandèrent : « *Quelle est cette sagesse qui lui a été donnée ? [...] N'est-ce pas le charpentier ? N'est-il pas le fils de Marie, le frère de Jacques, de Joseph, de Jude et de Simon ? Ses sœurs ne sont-elles pas ici parmi nous* ? » (Marc 6:2-3).

Jésus était charpentier de profession et sa famille était bien connue dans la communauté. Cela implique que Jésus est resté à Nazareth pendant sa jeunesse et a appris le métier de Joseph.

5. Autres signes de l'humanité de Jésus

Jésus a vécu tout ce que nous vivons en tant qu'êtres humains, sauf le péché. Il a été tenté par Satan (Matthieu 4:1-11 ; Marc 1:12-13 ; Luc 4:1-13). Il a eu faim (Matthieu 4:2 ; Matthieu 21:18 ; Marc 11:12), et après sa résurrection, il a mangé du poisson grillé en présence de ses apôtres (Luc 24:41b-42). Il a eu soif. Il a demandé à boire de l'eau à une femme samaritaine (Jean 4:7). Sur la croix, il a dit : « *J'ai soif* » (Jean 19:28). Il s'est fatigué (Jean 4:6). Il s'est mis en colère lorsque les chefs juifs ont transformé la maison de culte en caverne de voleurs (Matthieu 21:13). Au tombeau de Lazare, il est devenu triste et a pleuré (Jean 11:35). Jésus était pleinement humain. Mais Jésus était plus qu'un homme.

6. Jésus était également divin.

Le titre de « Fils de l'homme » indique également que Jésus était divin. Ce titre renvoie à Daniel 7:13-14 : « *Pendant ma vision nocturne, je regardais, et voici, sur les nuées du ciel, quelqu'un qui ressemblait à un fils de l'homme, s'approcha de l'Ancien des jours, et fut conduit en sa présence. Il lui fut donné autorité, gloire et puissance souveraine. Tous les peuples, les nations et les hommes de toute langue l'adorèrent. Sa domination est une domination éternelle qui ne passera point, et son royaume ne sera jamais détruit.* » En utilisant le titre de « Fils de l'homme », Jésus faisait écho à la prédiction de Daniel selon laquelle Dieu lui donnerait autorité, gloire et puissance souveraine sur tous les peuples et toutes les nations, et les hommes de toute langue l'adoreraient.

Lorsque Napoléon Bonaparte fut exilé sur le rocher de Sainte-Hélène, il demanda au comte Montholon : « Pouvez-vous me dire qui était Jésus-Christ ? » Comme le comte hésitait, Napoléon lui dit : « Eh bien, je vais vous le dire. Alexandre, César, Charlemagne et moi-même avons fondé de grands empires ; mais de quoi dépendaient ces créations de notre génie ? De la force. Jésus seul a fondé son empire sur l'amour, et jusqu'à ce jour des millions de personnes mourront pour lui… Je crois comprendre quelque chose de la nature humaine ; et je vous le dis, tous ces hommes étaient des hommes, et je suis un homme ; personne ne lui ressemble. Jésus-Christ était plus qu'un homme. »

7. Jésus a démontré son autorité divine

Dans Matthieu, Marc, Luc et Jean, Jésus n'a pas dit : « Je suis divin ». Pourtant, il a révélé son identité divine par ses paroles et ses actes. Notez ce qui suit :

1) Dans Marc 2:1-12, quatre hommes ont percé un trou dans le toit de la maison où Jésus parlait, et ils ont descendu leur ami paralysé dans la pièce en espérant que Jésus le guérirait. Lorsque Jésus a vu leur foi, il a dit : « *Mon enfant, tes péchés sont pardonnés* » (Marc 2:5).

Les savants juifs qui étaient assis là se demandaient : « *Pourquoi cet homme parle-t-il ainsi ? Il blasphème ! Qui peut pardonner les péchés, sinon Dieu seul* ? » (Marc 2:7).

Mais Jésus dit : « *Qu'est-ce qui est le plus facile : dire au paralytique : Tes péchés te sont pardonnés, ou lui dire : Lève-toi, prends ton brancard, et marche ? Or, afin que vous sachiez que le Fils de l'homme a sur la terre le pouvoir de pardonner les péchés… Il dit au paralytique : Je te l'ordonne, lève-toi, prends ton brancard, et va dans ta maison* » (Marc 2:9-11). Le jeune homme se leva et sortit de la pièce. Jésus prouva son autorité pour pardonner les péchés.

2) Dans son Sermon sur la montagne, Jésus a affirmé à plusieurs reprises son autorité divine. Il a dit : « *Vous avez entendu qu'il a été dit… Tu ne tueras point* » (Matthieu 5:21),… *Tu ne commettras point d'adultère* » (Matthieu 5:27),… *Tu ne violeras pas ton serment* » (Matthieu 5:33),… *Œil pour œil, et dent pour dent* » (Matthieu 5:38),… *Tu aimeras ton prochain et tu haïras ton ennemi* » (Matthieu 5:43), etc. À l'exception de la déclaration « haïs ton ennemi », il s'agissait de commandements de Dieu, mais Jésus a ajouté ses propres commandements : Ne te mets pas en colère. Ne regarde pas une femme

avec convoitise. Ne jure pas. Ne résiste pas à une personne mauvaise. Aime tes ennemis et prie pour ceux qui te persécutent.

Dans le texte original, Jésus dit à six reprises « ego de lego » (Matthieu 5:22, 28, 32, 34, 39 et 44). « Ego » signifie « je » et « lego » signifie « je dis ». Traduit littéralement, Jésus dit : « Mais moi, je vous le dis ». Cette double insistance sur le « je » est perdue dans la traduction française. Cela implique que Jésus affirmait son autorité divine.

3) L'une des choses les plus étonnantes que Jésus ait dites est : « *Quiconque aime son père ou sa mère plus que moi n'est pas digne de moi ; quiconque aime son fils ou sa fille plus que moi n'est pas digne de moi* » (Matthieu 10:37). Jésus demandait un amour et une loyauté qui dépassent nos affections les plus profondes pour la famille. Étonnamment, ceux qui croient vraiment en lui éprouvent un amour surnaturel pour lui. Cet amour surnaturel et irrésistible est une puissante preuve de sa divinité.

8. L'invitation de Jésus

Brahma, le dieu hindou de la création, est préoccupé par ses propres intérêts. Gautama Bouddha nous invite à rechercher l'illumination par la méditation. Mahomet nous avertit de nous soumettre à Allah ou de mourir. En revanche, Jésus nous dit : « *Venez à moi, vous tous qui êtes fatigués et chargés, et je vous donnerai du repos* » (Matthieu 11:28).
Jésus, « le Fils de l'homme », était à la fois humain et divin.

VIII. Jésus, le Fils de Dieu

Introduction

Dans la Bible, le peuple de Dieu est souvent appelé « fils de Dieu ». Adam est appelé « le fils de Dieu » (Luc 3:38). Dieu a appelé Israël « mon fils » (Exode 4:22-23 ; Osée 11:1). Il a appelé Salomon « mon fils » (2 Samuel 7:11-14 ; 1 Rois 6:1). Les personnes qui acceptent Jésus et croient en lui ont le droit de « devenir enfants de Dieu » (Jean 1:12). Paul a dit : « Ceux qui sont conduits par l'Esprit de Dieu sont fils de Dieu » (Romains 8:14). Jean a écrit : « Quel amour le Père nous a témoigné, pour que nous soyons appelés enfants de Dieu ! » (1 Jean 3:1).

Il s'agit d'un langage symbolique. Pratiquement tout le langage concernant Dieu est symbolique. Dieu utilise les relations terrestres pour stimuler notre imagination dans le but de transmettre aux esprits humains des relations célestes. Dieu n'a pas réellement engendré Adam, Israël, Salomon et les anges, mais il les a aimés comme un bon père terrestre aime ses fils. Dieu ne nous engendre pas physiquement, mais il nous adopte dans sa famille spirituelle.

Adam, les anges, Israël, Salomon, les disciples de Jésus et tous les êtres remplis de l'Esprit sont « fils de Dieu » par adoption (Romains 8:15, 23 ; Galates 4:5 ; Éphésiens 1:5). Selon la Bible, ce n'est pas irrévérencieux ni blasphématoire de nous appeler « enfants de Dieu ».

1. Jésus était-il différent ?

Jésus était-il « le Fils de Dieu » au même titre que nous ? Ou avait-il avec Dieu une relation Père/Fils que personne d'autre n'a ?

La Bible dit clairement que Jésus était le Fils de Dieu dans un sens unique. L'ange Gabriel a dit à Marie que le Saint-Esprit viendrait sur elle et que le saint enfant qui lui serait né serait appelé « Fils de Dieu » (Luc 1:35).

Le terme « Fils de Dieu » apparaît quarante-sept fois dans le Nouveau Testament, généralement en référence à Jésus. Que signifie ce terme lorsqu'il est utilisé à propos de Jésus ? Cela signifie-t-il que Dieu a eu des relations physiques avec Marie pour avoir un enfant d'elle ? Non. Mille fois non. Dire que Dieu est un être sexuel qui cohabite avec des femmes serait un blasphème. Nulle part la Bible ne dit que Dieu n'a jamais eu des relations physiques avec une femme pour engendrer un fils.

Que signifie donc l'expression « Fils de Dieu » ? Pour répondre à cette question, tournons-nous vers le Nouveau Testament et écoutons les paroles de Jésus.

2. Jésus appelle Dieu « mon Père ».

Jésus a enseigné qu'il n'y a qu'un seul Dieu. Lorsqu'un enseignant de la loi lui a demandé d'identifier le plus grand commandement, Jésus a répondu : « Écoute, Israël ! Le Seigneur notre Dieu est l'unique Seigneur. Tu aimeras le Seigneur ton Dieu de tout ton cœur, de toute ton âme, de toute ta pensée et de toute ta force » (Marc 12:29b-30). Jésus a défendu le monothéisme dans ses enseignements.

Pourtant, Jésus fait référence à Dieu comme à « mon Père ». Il a dit : « Quiconque me reconnaîtra devant les hommes, je le reconnaîtrai aussi devant mon Père qui est dans les cieux. Mais quiconque me reniera devant les hommes, je le renierai aussi devant mon Père qui est dans les cieux. » (Matthieu 10:32-33)

Ici, Jésus revendique une relation Père/Fils spéciale avec Dieu et promet de mettre un bon mot pour ceux qui le reconnaissent.

3. Jésus prétend être « le Fils de Dieu ».

Un jour de sabbat, à la piscine de Béthesda à Jérusalem, Jésus guérit un boiteux qui était invalide depuis trente-huit ans. Lorsque les Juifs critiquèrent Jésus pour avoir guéri le jour du sabbat, il leur dit : « Mon Père est à l'œuvre jusqu'à ce jour ; moi aussi, je suis à l'œuvre » (Jean 5:17).

Les Juifs entendirent cela et cherchèrent à le tuer. Ils accusèrent Jésus de blasphème parce qu'il « appelait Dieu son propre Père, se faisant lui-même égal à Dieu » (Jean 5:18).

Lorsque les musulmans disent qu'il est blasphématoire d'appeler Jésus le Fils de Dieu, ils commettent la même erreur que les juifs.

Jésus leur répondit : « En vérité, en vérité, en vérité, je vous le dis, le Fils ne peut rien faire de lui-même ; il ne fait que ce qu'il voit faire au Père. Car tout ce que fait le Père, le Fils le fait aussi. Car le Père aime le Fils. [...] De même que le Père ressuscite les morts et leur donne la vie, ainsi le Fils donne la vie à qui il veut la donner. Le Père ne juge personne, mais il a remis tout jugement au Fils, afin que tous honorent le Fils comme ils honorent le Père. Celui qui n'honore pas le Fils n'honore pas le Père qui l'a envoyé. [...] En vérité, en vérité, en vérité, je vous le dis, l'heure vient, et elle est déjà venue, où les morts entendront la voix du Fils de Dieu ; et ceux qui l'auront entendue vivront. Car, comme le Père a la vie en lui-même, ainsi il a donné au Fils d'avoir la vie en lui-même. » (Jean 5:19-23.25-26)

Neuf fois dans neuf phrases, Jésus se présente comme « le Fils ». Huit fois, il se présente comme « le Père ». Au verset 25, Jésus se présente comme « le Fils de Dieu ».

Jésus leur dit : « Je juge d'après ce que j'entends, et mon jugement est juste, car je ne cherche pas ma propre volonté, mais celle de celui qui m'a envoyé » (Jean 5.30). Jésus était un Fils obéissant. À maintes reprises, il a déclaré qu'il n'était pas venu pour faire sa propre volonté, mais la volonté du Père qui l'avait envoyé (Jean 4.34 ; 5.23, 30, 36-38 ; 6.38-40 ; 12.44). Jésus s'est soumis à l'autorité du Père et a ainsi honoré Dieu.

4. Jésus était le fils unique de Dieu.

Dans son dialogue avec Nicodème, Jésus dit : « Car Dieu a tant aimé le monde qu'il a donné son Fils unique, afin que quiconque croit en lui ne périsse point, mais qu'il ait la vie éternelle. Dieu, en effet, n'a pas envoyé son Fils dans le monde pour juger le monde, mais pour que le monde soit sauvé par lui. » (Jean 3:16-17) Remarquez que Dieu a envoyé son Fils dans le monde. Cela signifie que le Fils existait avec le Père avant de devenir humain.

Jean continue : « Quiconque croit en lui [le Fils] n'est pas jugé ; mais celui qui ne croit pas est déjà jugé, parce qu'il n'a pas cru au nom du Fils unique de Dieu » (Jean 3:18). Jésus est le Fils unique de Dieu. Au moins dix-neuf fois dans le Nouveau Testament grec, Jésus est identifié comme « le Fils de Dieu » (Luc 22:70 ; Jean 1:34, 39 ; 3:18 ; 5:25 ; 11:4 ; 20:31 ; Actes 9:20 ; Éphésiens 4:13 ; Hébreux 4:14 ; 6:6 ; 7:3 ; 10:29 ; 1 Jean 3:8 ; 4:15 ; 5:5, 10, 12, 13, 20).

5. Discours d'adieu de Jésus

Dans son discours d'adieu à ses apôtres la nuit précédant sa crucifixion, Jésus leur dit qu'il allait leur préparer une place dans la maison de son Père (Jean 14:1-4).

Philippe dit : « Seigneur, montre-nous le Père, et cela nous suffira » (Jean 14:8).

Jésus lui répondit : « Philippe, tu ne me connais pas, même si je suis parmi vous depuis si longtemps ? Quiconque m'a vu a vu le Père. Comment peux-tu dire : « Montre-nous le Père » ? Ne crois-tu pas que je suis dans le Père et que le Père est en moi ? » (Jean 14, 9-10). Dieu s'est révélé à nous par son Fils, Jésus. Quand nous regardons Jésus, nous voyons à quoi ressemble Dieu.

6. Jésus en procès

Lorsque Jésus fut arrêté et jugé, le souverain sacrificateur lui demanda : « Es-tu le Christ, le Fils du Dieu béni ? » (Marc 14:61). Jésus répondit : « Je le suis. Et vous verrez le Fils de l'homme assis à la droite du Puissant et venant sur les nuées du ciel » (Marc 14:62). Là encore, Jésus prétendait être le Fils de Dieu.

7. « Le Verbe » et « le Fils » sont la même personne.

Dans l'Évangile de Jean, les titres « le Verbe » et « le Fils » désignent la même personne. Jean écrit : « Le Verbe était avec Dieu, et le Verbe était Dieu » (Jean 1:1). La traduction littérale dit : « Le Verbe était avec Dieu, et le Verbe était Dieu ». Autrement dit, le Verbe était avec Dieu Tout-Puissant, et le Verbe était divin. « Par lui, toutes choses ont été faites ; rien de ce qui a été fait n'a été fait sans lui » (Jean 1:3). Le Verbe était l'agent par lequel Dieu a créé toutes choses, et le Verbe s'est fait chair à la naissance de Jésus.

L'apôtre Paul a dit : « Car en lui [Jésus, dans son état pré-terrestre] ont été créées toutes choses, celles qui sont dans les cieux et sur la terre, les visibles et les invisibles, [...] tout a été créé par lui et pour lui. Il est avant toutes choses, et toutes choses subsistent en lui » (Colossiens 1:16-17). Au commencement, Dieu a créé toutes choses par son Verbe/Fils éternel.

Jean dit : « Dieu, l'Unique, qui est auprès du Père, l'a fait connaître » (Jean 1, 18). Jésus, le Verbe/Fils divin, est maintenant auprès du Père. Il a fait connaître Dieu à l'humanité.

8. Le témoignage de Pierre

À Césarée de Philippe, Jésus demanda à ses apôtres : « Et vous, qui dites-vous que je suis ? » (Matthieu 16:15). Pierre répondit : « Tu es le Christ, le Fils du Dieu vivant » (Matthieu 16:16).
Jésus n'a pas réprimandé Pierre pour cette déclaration. Au contraire, il l'a félicité. Il a dit : « Tu es heureux, Simon, fils de Jonas, car cela ne t'a pas été révélé par un homme, mais par mon Père qui est dans les cieux » (Matthieu 16:17). Dieu lui-même avait révélé à Pierre que Jésus était le Fils de Dieu.

9. Le témoignage de Martha

Jésus dit à Marthe (la sœur de Lazare qu'il a ressuscité des morts) : « Je suis la résurrection et la vie. Celui qui croit en moi vivra, même s'il meurt ; et quiconque vit et croit en moi ne mourra jamais. Crois-tu cela ? » (Jean 11:25-26).

Marthe répondit : « Oui, Seigneur, je crois que tu es le Christ, le Fils de Dieu » (Jean 11:27).

10.Le témoignage de John

L'apôtre Jean a écrit : « Nous savons aussi que le Fils de Dieu est venu, et qu'il nous a donné l'intelligence pour connaître le Véritable. Et nous sommes dans le Véritable, dans son Fils Jésus-Christ » (1 Jean 5:20). Nous connaissons Dieu lorsque nous sommes dans son Fils, Jésus-Christ.

11.Le témoignage de Dieu

Lors du baptême de Jésus, Dieu parla du ciel et dit : « Celui-ci est mon Fils bien-aimé, en qui j'ai mis toute mon affection » (Matthieu 3:17).

Alors que Jésus était avec Pierre, Jacques et Jean sur une haute montagne, une nuée lumineuse apparut et les enveloppa. Et une voix sortit de la nuée qui disait : « Celui-ci est mon Fils bien-aimé ; en lui j'ai mis toute mon affection. Écoutez-le ! » (Matthieu 17:5).

Jean dit : « Nous recevons le témoignage des hommes, mais le témoignage de Dieu est plus grand, car c'est le témoignage de Dieu au sujet de son Fils. Celui qui croit au Fils de Dieu a ce témoignage dans son cœur. Celui qui ne croit pas Dieu le fait mentir, parce qu'il n'a pas cru au témoignage que Dieu a rendu au sujet de son Fils. Et voici ce témoignage : Dieu nous a donné la vie éternelle, et cette vie est dans son Fils. Celui qui a le Fils a la vie ; celui qui n'a pas le Fils de Dieu n'a pas la vie. » (1 Jean 5:9-12) Six fois en quatre versets, Jean déclare que Dieu lui-même a témoigné que Jésus est son Fils.

Conclusion

Vous avez entendu le témoignage de Jésus sur lui-même. Vous avez entendu le témoignage d'autres personnes et le témoignage de Dieu. Quelle est votre réponse ?

Jésus a dit : « Mes brebis écoutent ma voix ; je les connais, et elles me suivent. Je leur donne la vie éternelle ; elles ne périront jamais ; personne ne peut les arracher de ma main. Mon Père, qui me les a données, est plus grand que tous ; personne ne peut les arracher de la main de mon Père. Moi et le Père, nous sommes un » (Jean 10:27-30). Entendez-vous sa voix en lisant ces mots ?

Le Fils et le Père sont un en essence, en but et en caractère. Jésus est venu pour nous montrer la gloire du Père et pour nous attirer dans une relation d'amour avec lui. Une fois que nous sommes unis à Jésus, rien ne peut nous séparer de l'amour de Dieu ou nous arracher de la main du Père.

IX. *Jésus, le faiseur de miracles*

Introduction

Jésus n'était pas divin parce qu'il accomplissait des miracles. Il accomplissait des miracles parce qu'il était divin. Les miracles de Jésus faisaient partie intégrante de son ministère. Il accomplissait des miracles pour aider les gens et pour glorifier Dieu.

1. Les miracles de Jésus

En tant que faiseur de miracles, Jésus était dans une classe à part. Personne n'a jamais accompli de signes et de prodiges comme lui. Ses miracles étaient uniques. Alors que les miracles de l'Ancien Testament étaient de nature extérieure et démontraient la puissance de Dieu sur le monde physique, les miracles de Jésus avaient une dimension intérieure et magnifiaient également la puissance de Dieu sur le monde spirituel.

En accomplissant des miracles, Jésus a accompli la prophétie d'Isaïe, qui a écrit : « Alors s'ouvriront les yeux des aveugles, et s'ouvriront les oreilles des sourds ; alors le boiteux sautera comme un cerf, et la langue du muet poussera des cris de joie » (Isaïe 35:5-6). Isaïe a écrit une série de « chants de serviteur » qui décrivent le ministère de guérison du Messie (Isaïe 42:1-7 ; 49:1-

13 ; 50:4-11 ; 52:13-15 ; 53:1-12). Lorsque Jésus a guéri l'homme à la main sèche, Matthieu a dit : « Ainsi s'accomplissait ce qui avait été annoncé par le prophète Isaïe » (Matthieu 12:17).

Jean-Baptiste envoya des messagers demander à Jésus s'il était vraiment le Messie. Jésus répondit : « Allez rapporter à Jean ce que vous entendez et voyez : les aveugles voient, les boiteux marchent, les lépreux sont guéris, les sourds entendent, les morts ressuscitent, et la Bonne Nouvelle est annoncée aux pauvres » (Matthieu 11:3-5).

Ces miracles prouvèrent à Jean que Jésus était le Messie annoncé par le prophète Isaïe. Il s'agissait d'Emmanuel, ce qui signifie « Dieu avec nous » (Isaïe 7:14 ; Matthieu 1:23). Il était le divin faiseur de miracles.

2. Le but des miracles de Jésus

Quel était le but des miracles du Christ ? Était-ce pour montrer sa puissance surnaturelle et pour étonner les gens par des signes surprenants venus du ciel ? Jésus accomplissait-il des miracles pour se mettre en valeur ? Non. Jésus a refusé de sauter du haut du temple lorsque Satan l'a tenté pour montrer sa divinité (Matthieu 4:5-7). Jésus a refusé d'accomplir un miracle pour le roi Hérode (Luc 23:8-9). Loin d'attirer l'attention sur ses miracles, Jésus demandait souvent aux gens de n'en parler à personne.

Le but premier des miracles de Jésus était de glorifier Dieu. Jésus n'a jamais accompli de miracle pour son propre bénéfice. Il a fourni de la nourriture à 5 000 hommes et à leurs familles, mais il a refusé de transformer des pierres en pain pour satisfaire sa propre faim (Luc 4:3-4). Il n'a jamais accompli de miracle pour convaincre ses ennemis (Matthieu 16:1-4). Il aurait pu appeler des légions d'anges pour le délivrer de la croix, mais il ne l'a pas fait. Cela n'aurait pas glorifié Dieu.

Luc, médecin, souligne que Jésus accomplissait des miracles par la puissance de Dieu. Luc dit que « la puissance du Seigneur était là pour guérir les malades » (Luc 5:17). Lorsqu'une grande foule de gens vint se faire guérir et entendre les enseignements de Jésus, « tous cherchaient à le toucher, car une force sortait de lui et les guérissait tous » (Luc 6:19).

3. Quatre types de miracles

Les miracles de Jésus ont été classés en quatre catégories : (1) les guérisons, (2) les exorcismes, (3) les résurrections et (4) le contrôle de la nature. Examinons un ou deux exemples dans chaque catégorie.

4. Remèdes

Vingt des trente-six miracles rapportés dans les Évangiles concernent des guérisons. Jésus a rendu la vue à des aveugles, a purifié des lépreux, a fait marcher des boiteux et parler des muets, a restauré des membres atrophiés et a guéri des hommes et des femmes atteints de diverses maladies.

Certaines des maladies guéries par Jésus étaient comparables à des condamnations à mort à l'époque du Nouveau Testament. C'était particulièrement vrai pour la lèpre, une maladie qui faisait pourrir et tomber les doigts, les orteils et d'autres membres. Les gens vivaient dans la peur d'attraper la lèpre, alors les lépreux étaient obligés de vivre dans des colonies loin des zones habitées, de porter des cloches et de crier « Impur ! » lorsque les gens s'approchaient d'eux.

Un jour, Jésus guérit dix lépreux en leur disant simplement d'aller se montrer aux prêtres (Luc 17:14). En chemin, ils furent guéris. L'un des hommes vit qu'il était pur et revint en louant Dieu et en remerciant Jésus à haute voix. Jésus demanda : « Les dix n'ont-ils pas été purifiés ? Où sont les neuf autres ? » (Luc 17:17). Avec ce miracle, Jésus nous a enseigné une leçon de gratitude. Lorsque Dieu nous bénit, nous devons le louer.

À Jérusalem, Jésus vit un homme aveugle de naissance. Il cracha à terre, fit de la boue avec sa salive et appliqua cette boue sur les yeux de l'homme. Il lui dit : « Va te laver au réservoir de Siloé » (Jean 9, 6-7). L'homme alla se laver et, à son retour, il recouvra la vue.

Avant de redonner la vue à cet aveugle, Jésus avait dit : « Je suis la lumière du monde. Celui qui me suit ne marchera pas dans les ténèbres, mais il aura la lumière de la vie » (Jean 8:12 ; Jean 9:5). En rendant la vue à cet aveugle, Jésus nous ouvre les yeux à la vérité spirituelle. Jésus nous conduit hors des ténèbres spirituelles vers la lumière de la sagesse et de l'amour de Dieu.

5. Exorcismes

Un jour, Jésus et ses apôtres montèrent dans une barque et traversèrent la mer de Galilée. Lorsqu'ils arrivèrent dans le pays des Géraséniens, un homme nu, rempli de démons, vint à leur rencontre. Cet homme vivait dans les sépulcres et était si sauvage que personne ne pouvait l'attacher, pas même avec des chaînes. Quand on essaya de l'attacher, il déchira les chaînes et brisa les fers qui étaient sur ses chevilles. Nuit et jour, il criait dans les montagnes et dans les sépulcres, et se blessait avec des pierres tranchantes. (Marc 5:1-5; Luc 8:26-27)

Quand l'homme possédé vit Jésus, il tomba à genoux devant lui et s'écria : « Que me veux-tu, Jésus, Fils du Dieu Très-Haut ? Jure devant Dieu que tu ne me tourmenteras pas. » (Marc 5:7). Jésus lui demanda : « Quel est ton nom ? » L'homme répondit : « Mon nom est Légion, car nous sommes plusieurs. » (Marc 5:9). Jésus ordonna aux démons de quitter l'homme et ils entrèrent dans un troupeau de porcs qui paissaient sur la colline. Les porcs descendirent de la rive et se précipitèrent dans le lac et se noyèrent.

Les habitants de la ville vinrent voir ce qui se passait et « trouvèrent assis aux pieds de Jésus, habillé et dans son bon sens, l'homme dont les démons étaient sortis » (Luc 8:35). L'homme voulait suivre Jésus, mais Jésus lui dit : « Retourne dans ta maison et raconte tout ce que Dieu a fait pour toi » (Luc 8:39). L'homme s'en alla donc raconter aux gens de la région ce que Jésus avait fait pour lui, et les gens furent étonnés

.

Ce miracle nous apprend une leçon. Lorsque Dieu chasse nos démons spirituels et transforme notre vie, nous ne devons pas hésiter à dire aux autres combien Dieu a fait pour nous.

6. La résurrection des morts

À trois reprises, Jésus a ressuscité quelqu'un d'entre les morts : (1) le jeune homme de Naïn (Luc 7:11-16), (2) la fille de Jaïrus (Luc 8:49-56), et (3) Lazare (Jean 11:1-46).

Jaïrus, le chef de la synagogue de Capharnaüm, se rendit auprès de Jésus et le supplia de venir chez lui guérir sa fille de douze ans qui était en train de mourir. En chemin, un homme s'approcha de Jaïrus et lui dit : « Ta fille est morte. N'importune plus le maître. » (Luc 8:49). Jésus dit à Jaïrus : « N'aie pas peur, crois seulement, et elle sera guérie. » (Luc 8:50).

Lorsqu'ils arrivèrent à la maison, les gens pleuraient et étaient en deuil. Jésus leur dit : « Cessez de pleurer. Elle n'est pas morte, mais elle dort. » (Luc 8:52). Les gens en deuil se moquèrent de lui, car ils savaient qu'elle était morte. Jésus emmena Pierre, Jacques et Jean ainsi que les deux parents dans la pièce où gisait le corps de la jeune fille. Jésus la prit par la main et dit : « Mon enfant, lève-toi ! » (Luc 8:54). L'esprit de la jeune fille revint et elle se leva. Jésus dit aux parents de lui donner à manger, et ils furent étonnés.

La leçon de ce miracle se trouve dans les mots : « N'ayez pas peur. Croyez simplement. » Lorsque la tragédie frappe et que les choses semblent désespérées, nous devons mettre notre confiance en Dieu. Il nous aidera à surmonter cette épreuve.

7. Pouvoir sur la nature

Les Évangiles contiennent neuf miracles dans lesquels Jésus a démontré son pouvoir sur la nature (Matthieu 8:23-27; 14:13-21, 22-33; 15:32-39; 17:24-27; 21:18-22; Luc 5:1-11; Jean 2:1-11; 21:1-14).

Après avoir nourri cinq mille hommes et leurs familles avec cinq petits pains d'orge et deux poissons (Jean 6:1-13), Jésus fit monter ses apôtres dans leur barque et les fit ramer jusqu'à l'autre rive du lac. Puis, Jésus renvoya la foule et monta sur la montagne pour prier. Pendant ce temps, les apôtres ramaient contre un vent fort et les eaux étaient agitées. À trois heures du matin, alors qu'ils étaient encore au milieu du lac, ils levèrent les yeux et virent Jésus qui marchait vers eux sur les eaux. Ils pensèrent qu'il s'agissait d'un fantôme et ils furent terrifiés.

Jésus leur dit : « Prenez courage, c'est moi, n'ayez pas peur » (Matthieu 14:27). Pierre lui répondit : « Seigneur, si c'est toi, ordonne-moi de venir à toi sur les eaux. » Jésus dit : « Viens » (Matthieu 14:28-29). Pierre descendit de la barque et marcha sur les eaux vers Jésus. Mais, voyant le vent qui soulevait les vagues, il eut peur et commença à couler. Il s'écria : « Seigneur, sauve-moi ! » (Matthieu 14:30). Jésus tendit la main et saisit Pierre. Il lui dit : « Homme de peu de foi, pourquoi as-tu douté ? » (Matthieu 14:31). Lorsque Jésus et Pierre montèrent dans la barque, le vent cessa et les apôtres adorèrent Jésus en disant : « Vraiment, tu es le Fils de Dieu. » (Matthieu 14:33).

La leçon est claire : nous devons garder les yeux fixés sur Jésus pendant les tempêtes de la vie. Si nous avons la foi, il nous donnera la force spirituelle. Même lorsque nous sombrons dans le désespoir, il nous relèvera lorsque nous crierons vers lui.

Conclusion

Les miracles de Jésus sont des événements historiques réels qui ont été vérifiés par des témoins oculaires. La faim, la soif, la fatigue et la mort de Jésus sont des preuves de son humanité. Ses miracles sont la preuve de sa divinité.

Les trente-six miracles rapportés dans les Évangiles ne sont qu'une fraction des miracles que Jésus a accomplis au cours de son ministère (Jean 20:30 ; 21:25).

Jésus nous demanderait : « Pourquoi m'accusez-vous de blasphème parce que j'ai dit : Je suis le Fils de Dieu ? Ne me croyez pas, si je ne fais pas ce que fait mon Père. Mais si je le fais, même si vous ne me croyez pas, croyez aux miracles, afin que vous sachiez et compreniez que le Père est en moi et que je suis dans le Père. » (Jean 10:36-38)

X. Jésus, la lumière du monde

Introduction

Au temple de Jérusalem, Jésus a dit : « Je suis la lumière du monde. Celui qui me suit ne marchera pas dans les ténèbres, mais il aura la lumière de la vie » (Jean 8:12).

Que voulait dire Jésus par là ? En quoi Jésus est-il la lumière du monde ? Et que signifie marcher dans les ténèbres ?

1. Lumière et ténèbres dans le Nouveau Testament

Dans le Nouveau Testament, la « lumière » symbolise l'illumination spirituelle, et les « ténèbres » symbolisent l'ignorance, le mal et l'aveuglement spirituel.

Jésus a dit : « La lumière est venue dans le monde, mais les hommes ont préféré les ténèbres à la lumière, parce que leurs œuvres étaient mauvaises. Quiconque fait le mal hait la lumière et ne veut pas venir à la lumière, de peur que ses œuvres ne soient dévoilées. Mais celui qui vit selon la vérité vient à la lumière, afin que l'on voie clairement que ce qu'il fait, c'est par Dieu. » (Jean 3:19-21)

Jésus est un exemple de véritable illumination. Il a reçu sa lumière spirituelle de Dieu, et non de la méditation. Ceux qui aiment la vérité et la recherchent sont prompts à accepter la lumière. Ceux qui aiment le mal détestent la lumière de Jésus parce qu'ils n'aiment pas que leur mode de vie pervers soit exposé tel qu'il est.

Vers la fin de son ministère, Jésus dit à ses disciples : « Vous aurez la lumière pour un peu de temps encore. Marchez pendant que vous avez la lumière, avant que les ténèbres ne vous surprennent. L'homme qui marche dans les ténèbres ne sait où il va. Confiez-vous en la lumière pendant que vous l'avez, afin que vous deveniez des enfants de lumière » (Jean 12:35-36). Puis, Jésus dit : « Je suis venu dans le monde comme une lumière, afin que quiconque croit en moi ne demeure pas dans les ténèbres » (Jean 12:46).

Jésus allait bientôt quitter ses disciples et il les exhortait à marcher avec lui dans la lumière tant qu'ils le pouvaient. Après son départ, le Saint-Esprit viendrait en eux et ils deviendraient des lumières qui brilleraient au milieu des ténèbres (Philippiens 2:14-15). Dans son sermon sur la montagne, Jésus a dit à ses disciples : « Vous êtes la lumière du monde » (Matthieu 5:14). Aujourd'hui, il nous met au défi de « marcher dans la lumière comme il est lui-même dans la lumière » (1 Jean 1:7a).

Paul a dit quelque chose de semblable aux Éphésiens : « Autrefois, vous étiez ténèbres, et maintenant vous êtes lumière dans le Seigneur. Conduisez-vous comme des enfants de lumière (car le fruit de la lumière consiste en toute sorte de bonté, de justice et de vérité), et recherchez ce qui est agréable au Seigneur. Ne vous engagez pas dans les œuvres vaines des ténèbres » (Éphésiens 5:8-11).

2. Jésus, l'enseignant éclairé

En tant qu'enseignant, Jésus était une source de lumière. Il enseignait sur les routes, au bord de la mer, dans les maisons, dans les synagogues et au temple. Dans les Évangiles, Jésus est appelé « Maître » trente et une fois.

Jésus, le maître enseignant, a accompli les prophéties d'Isaïe, qui a écrit : « Un rameau sortira du tronc d'Isaï [le père de David], et de ses racines un rejeton portera du fruit. L'Esprit de l'Éternel reposera sur lui : Esprit de sagesse et d'intelligence, Esprit de conseil et de force, Esprit de connaissance et de crainte de l'Éternel » (Ésaïe 11:1-3). L'Esprit de Dieu est descendu sur Jésus et lui a donné la sagesse, l'intelligence, le conseil, la puissance, la connaissance et la révérence, tous signes d'illumination.

En tant que professeur de morale, Jésus demeure sans égal. Il a démontré les vérités qu'il a enseignées par sa façon de vivre et de mourir. Il était l'incarnation de la vérité. Lui seul pouvait dire en toute vérité : « Je suis... la vérité » (Jean 14:6). Tout au long de sa vie, Jésus a conservé son intégrité et a enseigné par l'exemple. Il était la lumière du monde.

3. Les méthodes d'enseignement de Jésus

En plus d'enseigner par l'exemple, Jésus a utilisé diverses méthodes d'enseignement pour éclairer les autres.

1. Il posait des questions pénétrantes qui poussaient les gens à réfléchir, à sonder leur cœur et à découvrir en eux-mêmes des choses qu'ils n'avaient jamais vues auparavant. Ses questions les conduisaient à l'illumination.
2. Jésus a utilisé des proverbes courts et mémorables qui lui ont permis de mieux comprendre la nature humaine et la vérité divine. Ces proverbes ont éclairé ses disciples et influencé leur comportement.
3. Jésus enseignait en paraboles en utilisant des choses bien connues de ses auditeurs comme leçons pratiques. Il illustrait ses enseignements par des oiseaux, des fleurs, du sel, de la lumière, de l'eau, des vêtements neufs et anciens, de la pâte à pain, de vieilles outres, des graines de moutarde, des figuiers, des fêtes de mariage, de l'agriculture, de la pêche, de l'élevage et de la construction de maisons sur des fondations solides. Jésus parlait en paraboles pour révéler la vérité à ses disciples et pour la cacher à ceux qui

essayaient de le piéger.

4. Aux auditeurs réceptifs, Jésus a également enseigné la vérité et apporté la lumière par un enseignement simple.

4. L'illumination sur la vraie grandeur

Jésus a révélé que les normes du monde sont souvent inversées. Le monde pense qu'une grande personne est quelqu'un qui a du pouvoir et de l'autorité sur les autres ou quelqu'un qui est riche et célèbre.

Un jour, les disciples de Jésus se disputèrent pour savoir lequel d'entre eux était le plus grand. Jésus leur dit : « Vous savez que les chefs des nations les tyrannisent, et que les grands les dominent. Il n'en est pas de même pour vous. Mais si quelqu'un veut être grand parmi vous, qu'il soit votre serviteur, et si quelqu'un veut être le premier parmi vous, qu'il soit votre esclave. » (Matthieu 20:25-27)

Jésus nous révèle que la véritable grandeur ne consiste pas en un pouvoir, une puissance militaire ou une autorité autocratique, mais en un service humble. Pour illustrer cette vérité, Jésus a lavé les pieds de ses apôtres. Il a dit : « Le Fils de l'homme est venu, non pour être servi, mais pour servir et donner sa vie en rançon pour beaucoup » (Matthieu 20:28). La véritable grandeur consiste à aimer les gens et à les servir humblement.

5. Eclaircissement sur les vraies richesses

Aujourd'hui, des millions de personnes dans le monde rêvent de devenir riches. Elles passent la plupart de leur temps à gagner de l'argent et à le dépenser. Leur objectif dans la vie est de se constituer un compte en banque et un fonds de retraite conséquent. Elles pensent qu'une nouvelle voiture, une nouvelle maison, un nouveau bateau, une nouvelle garde-robe ou un nouveau frisson les rendront heureux. Mais elles finissent par apprendre que la richesse seule ne suffit pas. Beaucoup des personnes les plus riches du monde sont mortes dans la misère.

Jésus a vu à quel point il est insensé de courir après les richesses matérielles. Il a dit : « Ne vous amassez pas de trésors sur la terre, où les mites et la rouille détruisent, et où les voleurs percent et dérobent. Mais amassez-vous des trésors dans le ciel, où les mites et la rouille ne détruisent pas, et où les voleurs ne percent ni ne dérobent. Car là où est ton trésor, là aussi sera ton cœur. » (Matthieu 6:19-21). « A quoi sert à un homme de gagner le monde entier, s'il perd son âme ? » (Matthieu 16:26). Nos richesses matérielles ne nous serviront à rien à notre mort. Nous ne pourrons pas les emporter avec nous à notre mort.

Un homme dit à Jésus : « Maître, dis à mon frère de partager avec moi notre héritage. » Jésus lui répondit : « Gardez-vous avec soin de toute forme de cupidité ; la vie d'un homme ne dépend pas de ses biens, et de ses biens. » (Luc 12:13,15).

Jésus raconte ensuite une histoire pour illustrer son propos. Le sol d'un riche fermier produisait une récolte énorme, si grande que ses greniers ne pouvaient pas la contenir. Au lieu de partager son abondance avec les pauvres, il décida de démolir ses vieux greniers et d'en construire de plus grands. Il se dit : « Tu as beaucoup de biens en réserve pour de nombreuses années. Prends ta vie à la légère, mange, bois et réjouis-toi » (Luc 12:19).

Mais Dieu lui dit : Insensé ! Cette nuit même, ton âme te sera redemandée. Et ce que tu as préparé, pour qui ? (Luc 12:20)

Les richesses terrestres peuvent nous être enlevées en un instant – par une inondation, une tornade, un ouragan, un typhon, un tsunami, une dépression économique ou la mort. Que se passe-t-il alors ? Avons-nous investi dans l'éternité ? Notre trésor au ciel ne périra pas. Il ne peut être ni volé ni détruit. Les personnes éclairées amassent des trésors au ciel.

6. Lumières sur la primauté de l'amour

Un docteur de la loi se leva pour mettre Jésus à l'épreuve. Il lui dit : « Maître, que dois-je faire pour avoir la vie éternelle ? » (Luc 10.25). Jésus lui répondit : « Qu'est-il écrit dans la loi ? Comment lisez-vous ? » Le docteur de la loi lui répondit : « Tu aimeras le Seigneur ton Dieu de tout ton cœur, de toute ton âme, de toute ta force et de toute ta pensée, et ton prochain comme toi-même. » Jésus lui répondit : « Tu as bien répondu. Fais cela, et tu vivras. » (Luc 10.26-28). Pour se justifier, le docteur de la loi demanda : « Et qui est mon prochain ? » (Luc 10.29).

Jésus lui répondit qu'un homme voyageait entre Jérusalem et Jéricho. Une bande de brigands le dépouilla, le roua de coups et le laissa à moitié mort. Un prêtre et un lévite se trouvaient sur la même route et tous deux passèrent de l'autre côté pour éviter d'avoir à s'occuper de l'homme blessé.

Mais un Samaritain passa par là, vit l'homme et fut pris de pitié pour lui. Il pansa ses blessures, y versa de l'huile et du vin, puis il le mit sur son âne et le conduisit dans une auberge. Là, il prit soin de lui toute la nuit. Le lendemain matin, il donna deux pièces d'argent à l'aubergiste en lui disant : « Prends soin de lui, et à mon retour, je te rembourserai ce que tu auras dépensé » (Luc 10:30-35).

Jésus demanda au docteur de la loi : « Lequel de ces trois, à ton avis, a été le prochain de l'homme tombé au milieu des brigands ? » Le docteur de la loi répondit : « Celui qui a eu pitié de lui. » Jésus lui dit : « Va, et toi aussi, fais de même » (Luc 10:37).

Notez que c'était un Samaritain (un homme méprisé par les Juifs) qui était un bon voisin. Jésus mettait en lumière la vertu de faire preuve de compassion envers les étrangers et d'aider ceux qui sont dans le besoin, quelle que soit leur race, leur religion ou leur nationalité. La question n'est pas : « Qui est mon prochain ? » La vraie question est : « Comment puis-je aimer mon prochain comme moi-même ? »

Jésus dit à ses apôtres : « À ceci tous reconnaîtront que vous êtes mes disciples, si vous avez de l'amour les uns pour les autres » (Jean 13:35). Marcher dans la lumière, c'est marcher dans l'amour de Dieu (1 Jean 1:7 ; 2:9).

7. Illumination sur l'importance du pardon

Il est dans la nature humaine d'en vouloir aux personnes qui nous insultent et nous font du mal. La tendance naturelle est de garder rancune et de se venger. Mais si nous ne pardonnons pas, nous devenons esclaves de nos propres émotions. Les émotions négatives nous rongent de l'intérieur. Elles provoquent des ulcères et d'autres maladies psychosomatiques. Mais le pardon nous libère.

Pierre s'approcha de Jésus et lui dit : « Seigneur, combien de fois pardonnerai-je à mon frère lorsqu'il pèche contre moi ? Jusqu'à sept fois ? » Jésus lui répondit : « Je ne te dis pas jusqu'à sept fois, mais jusqu'à soixante-dix fois sept fois. » (Matthieu 18:21-22)

Jésus raconte alors l'histoire d'un roi qui voulait régler ses comptes avec ses serviteurs. L'un de ses serviteurs lui devait des millions de dollars et n'était pas en mesure de le payer. Le roi décida de vendre le serviteur et sa famille pour régler sa dette.

Le serviteur tomba à genoux devant le roi et le supplia : « Sois patient envers moi, et je te rembourserai tout. » Le maître eut pitié de son serviteur et lui annula sa dette.

Après cela, le serviteur sortit et rencontra un de ses compagnons qui lui devait quelques dollars. Il le saisit à la gorge et lui dit : « Rembourse ce que tu me dois. » Son compagnon lui demanda : « Sois patient envers moi, et je te rembourserai. » Mais le serviteur refusa et fit mettre l'homme en prison jusqu'à ce qu'il ait pu payer sa dette.

Lorsque le roi entendit cela, il fit appeler le serviteur et lui dit :

Méchant serviteur, je t'avais remis toute ta dette, parce que tu m'en avais supplié. Ne devais-tu pas avoir pitié de ton compagnon, comme j'ai eu pitié de toi ? » Dans sa colère, le roi rétablit la dette du serviteur et le punit sévèrement (Matthieu 18:23-34).

Le pardon est l'un des thèmes principaux de Jésus. Dans son Sermon sur la montagne, il a dit : « Si vous pardonnez aux hommes leurs péchés, votre Père céleste vous pardonnera aussi » (Matthieu 6:14). Pardonner implique de renoncer au droit d'être en colère et d'éprouver du ressentiment. Les autres nous traiteront mal, et nous devrons leur pardonner afin de mettre en pratique la règle d'or (Matthieu 7:12). Nous-mêmes, nous offenserons les autres par inadvertance, et nous aurons besoin de leur pardon.

Pensez à la différence que cela ferait si nous pardonnions tous à ceux qui nous déshonorent – si nous aimions nos ennemis, faisions du bien à ceux qui nous haïssent et priions pour ceux qui nous maltraitent (Luc 6:27-28).

Alors que Jésus était sur la croix, il a prié : « Père, pardonne-leur, car ils ne savent pas ce qu'ils font » (Luc 23:34). Jésus a mis en lumière l'importance du pardon.

8. Un appel au changement

Il existe de nombreux obstacles à la croissance spirituelle et à l'illumination. L'orgueil, l'autosatisfaction, la complaisance, l'égoïsme, le ressentiment, l'amertume, la luxure, la cupidité, la malhonnêteté, les addictions et le désespoir nous empêchent tous de voir la lumière.

Ces qualités négatives doivent être désapprises avant que nous puissions marcher dans la lumière. Il doit y avoir un changement de nature et de disposition – un changement qui commence lorsque nous naissons de nouveau d'eau et d'Esprit (Jean 3:3-5) – un changement qui continue lorsque nous permettons à l'Esprit de Dieu de nous transformer à l'image de Jésus, la lumière du monde (2 Corinthiens 3:18).

XI. Jésus, l'Agneau de Dieu

Introduction

Lorsque Jean-Baptiste vit Jésus venir à lui, il dit : « Voici l'Agneau de Dieu qui enlève le péché du monde » (Jean 1:29). Le lendemain, il le répéta (Jean 1:36).

Il est pratiquement impossible de comprendre l'impact que ces paroles ont eu sur les Juifs qui les ont entendues. La plupart des personnes présentes dans l'auditoire de Jean s'attendaient à ce que le Messie soit le Lion de la tribu de Juda, un second David qui conduirait les armées d'Israël au combat et chasserait les Romains. Ils ne s'attendaient certainement pas à ce que le Messie soit un Agneau.

Les lions sont des symboles de force militaire, mais pas les agneaux. Les lions tuent, les agneaux meurent. Les agneaux étaient sacrifiés au temple chaque matin et chaque soir pour purifier les gens de leurs péchés. En fait, les agneaux ont été tués et offerts à Dieu lors du culte depuis l'époque d'Adam et Ève (Genèse 4).

1. Agneau pascal

Mais il y avait chaque année un moment particulier où de nombreux agneaux étaient sacrifiés au Temple de Jérusalem. Le quatorzième jour du mois juif de Nisan (au début du printemps), de nombreuses personnes venues de loin et de près célébraient la fête de la Pâque à Jérusalem. Cette fête commémorait la délivrance d'Israël de l'esclavage égyptien – l'acte le plus important du salut dans l'Ancien Testament.

La période de la Pâque était proche lorsque Jean a présenté Jésus comme « l'Agneau de Dieu » (Jean 1.29, 36). Et c'est pendant la période de la Pâque que Jésus est mort. Il est mort à 15 heures (Marc 15.34-37), le « jour de la Préparation » (Jean 19.30-31). Jésus est mort au moment exact où les agneaux pascaux étaient abattus en préparation de la fête de la Pâque.

L'apôtre Paul a reconnu le lien entre Jésus et l'agneau pascal lorsqu'il a déclaré : « Car Christ, notre agneau pascal, a été immolé » (1 Corinthiens 5:7b). De même que le sang de l'agneau pascal a sauvé les Israélites de la mort en Égypte (Exode 12), de même le sang de Jésus-Christ nous sauve aujourd'hui de la mort éternelle

2. Pourquoi Jésus est-il mort ?

Quand Adam et Ève ont péché, ils sont morts spirituellement et finalement, ils sont morts physiquement. Leur péché les a séparés de Dieu parce que Dieu et le péché ne peuvent pas coexister. Jésus a payé la pénalité pour nos péchés en mourant physiquement et spirituellement sur la croix. Alors qu'il était pendu à la croix, il s'est écrié : « Mon Dieu, mon Dieu, pourquoi m'as-tu abandonné ? » (Matthieu 27:46). La mort spirituelle, c'est être séparé de Dieu.

Jésus est mort parce que nous avons tous péché (Romains 3:23), et « le salaire du péché, c'est la mort » (Romains 6:23). Jésus est mort comme notre Agneau pascal pour nous sauver de la mort. « Dieu prouve son amour envers nous, en ceci : lorsque nous étions encore des pécheurs, Christ est mort pour nous » (Romains 5:8).

3. **La prophétie d'Abraham**

Cependant, représenter Jésus comme l'agneau pascal ne décrit que partiellement ce que Jésus a accompli par sa mort. La pratique du sacrifice d'agneaux est enracinée dans l'histoire de l'Ancien Testament.

Le cas le plus connu de sacrifice animal dans l'Ancien Testament se trouve peut-être dans Genèse 22. Dieu a mis la foi d'Abraham à l'épreuve en lui demandant de sacrifier son fils Isaac. Dieu n'approuvait pas le sacrifice humain. Il anticipait le moment où il offrirait son propre Fils en sacrifice pour toute l'humanité.

Abraham obéit à l'ordre de Dieu et emmena Isaac au mont Morija (Genèse 22:2). En chemin, Isaac dit à son père : « Le feu et le bois sont ici, mais où est l'agneau pour l'holocauste ? » (Genèse 22:7). Abraham répondit : « Dieu lui-même pourvoira à l'agneau pour l'holocauste, mon fils » (Genèse 22:8). Cette prophétie s'est partiellement accomplie lorsque Dieu a fourni un bélier à Abraham. La prophétie s'est finalement accomplie par Jésus-Christ.

Lorsqu'Abraham et Isaac arrivèrent au lieu du sacrifice, Abraham construisit un autel et se prépara à offrir son fils au Seigneur. Abraham croyait que Dieu était capable de ressusciter Isaac (Genèse 22:5 ; Hébreux 11:17-19). Alors qu'Abraham prenait le couteau pour égorger son fils, l'ange du Seigneur l'appela : « Abraham ! Abraham ! Ne porte pas la main sur l'enfant… Maintenant, je sais que tu crains Dieu, car tu ne m'as pas refusé ton fils » (Genèse 22:10-12).

Abraham leva les yeux et vit un bélier retenu par les cornes dans le buisson. Il « prit le bélier et l'offrit en holocauste à la place de son fils » (Genèse 22:13). Une vie fut substituée à une autre. Le bélier mourut à la place d'Isaac. Le mont Morija devint connu sous le nom de « montagne de l'Éternel » (Genèse 22:14). Plus tard, le roi David acheta le sommet de cette montagne à Arauna le Jébusien (1 Chroniques 21:18-26). C'est là que Salomon construisit le temple (1 Chroniques 22:1 ; 2 Chroniques 3:1). Et c'est là, près de la crête du mont Morija, que Jésus mourut en tant que « l'Agneau de Dieu qui enlève le péché du monde ».

Au cours de son ministère, Jésus a dit : « Le Fils de l'homme est venu, non pour être servi, mais pour servir et donner sa vie en rançon pour beaucoup » (Marc 10:45). Le mot grec traduit par « pour » est « anti », qui signifie « à la place de ». De même que le bélier a remplacé Isaac, Jésus a été substitué à nous. Il est mort à notre place.

4. La prophétie de David

Mille ans avant la naissance de Jésus, le roi David a décrit la crucifixion de Jésus en ces termes : « Mon Dieu, mon Dieu, pourquoi m'as-tu abandonné ? » (Psaumes 22:1). « Tous ceux qui me voient se moquent de moi, ils m'insultent en secouant la tête. Il se confie en l'Éternel ! Que l'Éternel le délivre ! Qu'il le délivre, car il prend plaisir en lui ! » (Psaumes 22:7-8). « Ma force est desséchée comme un tesson, et ma langue s'attache à mon palais ; [...] une bande d'hommes méchants m'entoure, ils ont percé mes mains et mes pieds. Je peux compter tous mes os ; on me regarde et on se réjouit à mon sujet ; on se partage mes vêtements, on tire au sort ma tunique » (Psaumes 22:15-18).

Un millénaire plus tard, ces prophéties se sont toutes accomplies. Des soldats ont percé les mains et les pieds de Jésus avec des clous (Jean 20:25, 27). Ils l'ont dépouillé de ses vêtements et chacun a pu compter ses côtes. Les soldats au pied de la croix ont partagé ses vêtements entre eux en tirant au sort (Matthieu 27:35 ; Jean 19:23-24). Sur la croix, Jésus s'est écrié : « Mon Dieu, mon Dieu, pourquoi m'as-tu abandonné ? » (Matthieu 27:46). Ceux qui passaient par là l'ont insulté en secouant la tête (Matthieu 27:39). Les principaux sacrificateurs, les scribes et les anciens se sont moqués de lui en disant : « Il a mis sa confiance en Dieu. Que Dieu le délivre maintenant, s'il le veut » (Matthieu 27:43). Jésus avait soif, alors sa langue est restée collée à son palais (Jean 19:28). Chaque détail de la prophétie de David s'est accompli.

5. La prophétie d'Isaïe

Sept cents ans avant la naissance de Jésus, le prophète Isaïe a décrit le but de la mort de Jésus. Il a dit :
« Il a été blessé pour nos péchés » (Isaïe 53:5a).
« Il a été brisé à cause de nos iniquités » (Isaïe 53:5b).
« Le châtiment qui nous donne la paix est tombé sur lui » (53, 5c).
« C'est par ses meurtrissures que nous sommes guéris » (Isaïe 53:5d).
« L'Éternel a fait retomber sur lui l'iniquité de nous tous » (Ésaïe 53:6).
« Comme un agneau, il a été mené à la boucherie » (Ésaïe 53:7).
« Il a été retranché de la terre des vivants; c'est à cause des péchés de mon peuple qu'il a été frappé. » (Ésaïe 53:8)
« Il a été mis dans la tombe avec les méchants, et dans la mort avec les riches » (Ésaïe 53:9).
« L'Éternel fait de sa vie un sacrifice de culpabilité » (Ésaïe 53:10).
« Après la souffrance de son âme, il verra la lumière de la vie et sera rassasié » (Isaïe 53:11a).
« Mon serviteur juste justifiera beaucoup d'hommes, et il se chargera de leurs iniquités » (Ésaïe 53:11b).
« C'est pourquoi je lui donnerai sa part avec les grands, parce qu'il a livré sa vie

jusqu'à la mort, et qu'il a été mis au nombre des malfaiteurs » (Ésaïe 53:12). « Car il a porté les péchés de plusieurs, et il a intercédé pour les coupables » (Ésaïe 53:12).

Jésus a accompli TOUTES ces prophéties. Pour nos transgressions, il a été percé de clous et d'une lance. Par son châtiment, il nous a apporté la paix et la guérison. Il a été conduit comme un mouton à l'abattoir. Il a été crucifié entre deux brigands et enterré dans le tombeau d'un homme riche. Dieu a fait de sa vie un sacrifice de culpabilité qui a enlevé nos péchés. Après avoir souffert, Jésus a vu la lumière de la vie lorsqu'il a été ressuscité des morts. Il a porté nos péchés et intercède maintenant pour nous.

Pierre a dit : « Lui-même a porté nos péchés en son corps sur le bois, afin que nous mourions aux péchés… ; c'est par ses meurtrissures que vous avez été guéris » (1 Pierre 2:24).

6. Les prophéties de Jésus

1. À Césarée de Philippe, Jésus commença à expliquer à ses disciples qu'il fallait qu'il aille à Jérusalem, qu'il souffre beaucoup de la part des anciens, des grands prêtres et des scribes, qu'il soit mis à mort et qu'il ressuscite le troisième jour (Matthieu 16:21). Cette prédiction est également rapportée dans Marc 8:31 et Luc 9:22.
2. Plus tard, Jésus prit à part les douze apôtres et leur dit : « Nous montons à Jérusalem, et tout ce qui a été écrit par les prophètes au sujet du Fils de l'homme s'accomplira. Il sera livré aux païens. Ils se moqueront de lui, l'insulteront, cracheront sur lui, le flagelleront et le tueront. Le troisième jour, il ressuscitera » (Luc 18:31-33). Cette prophétie est également rapportée dans Matthieu 20:17-19 et Marc 10:32-34.

La cour suprême juive a accompli ces prophéties en crachant au visage de Jésus, en le frappant à coups de poing et en le giflant (Matthieu 26:67). Les Romains les ont accomplies en le flagellant, en se moquant de lui, en lui mettant une couronne d'épines sur la tête, en crachant sur lui et en le frappant à plusieurs reprises sur la tête avec un bâton (Matthieu 27:26-30 ; Marc 15:16-20). Pourtant, Jésus est resté silencieux comme un agneau. Il a gracieusement pris notre punition à notre place. Nous sommes rachetés « par le sang précieux de Christ, comme un agneau sans défaut et sans tache » (1 Pierre 1:19).

7. Toutes les bénédictions spirituelles sont en Christ

Toutes les bénédictions spirituelles sont en Christ (Éphésiens 1:3). « En lui nous avons la rédemption par son sang, la rémission des péchés, selon la richesse de sa grâce » (Éphésiens 1:7-8).
Comment entrons-nous en Christ ? 1. Nous croyons en lui (Jean 8:24). 2. Nous nous repentons de nos péchés (Luc 13:3 ; Actes 2:38). 3. Nous sommes baptisés en Christ (Galates 3:27 ; Romains 6:3). Dans le baptême, nos péchés sont effacés (Actes 22:16) et nous recevons le Saint-Esprit (Actes 2:38). Nous sommes purifiés par son sang (Romains 5:9 ; 6:3-5 ; Éphésiens 1:7 ; Colossiens 1:14 ; 2:12-13 ; Apocalypse 5:9 ; 7:14). Nous nous levons pour vivre une vie nouvelle, et le sang de Jésus « nous purifie de tout péché » (1 Jean 1:7). « Grâces soient rendues à Dieu pour son don ineffable ! » (2 Corinthiens 9:15).

XII. Jésus, le Seigneur ressuscité

Introduction

Avant sa mort, Jésus a prophétisé qu'il « souffrirait beaucoup et serait rejeté par les anciens, les principaux sacrificateurs et les scribes, et qu'il devrait être mis à mort et ressusciter trois jours après » (Marc 8:31).

Dans la leçon 2.11, nous avons vu que Jésus a accompli la première partie de cette prophétie en mourant comme « l'Agneau de Dieu qui enlève le péché du monde » (Jean 1:29). Mais a-t-il accompli la deuxième partie de la prophétie ? Est-il ressuscité ? Existe-t-il une preuve que la résurrection de Jésus est un fait historique ?

La résurrection de Jésus est extrêmement importante, à tel point que Paul a dit aux Corinthiens : « Si Christ n'est pas ressuscité, votre foi est vaine, vous êtes encore dans vos péchés » (1 Corinthiens 15:17). La résurrection du Christ est la preuve que Dieu a accepté le sacrifice de Jésus en paiement de nos péchés et que justice et miséricorde se sont mêlées. La résurrection a enlevé l'aiguillon de la mort et nous a assuré que nous aussi, nous serons ressuscités de la mort, pour ne plus jamais mourir.

1. Témoignage d'un professeur de droit

Le Dr Simon Greenleaf, professeur de droit réputé à l'université de Harvard, croyait que la résurrection de Jésus était un canular. Il a donc décidé de dénoncer la résurrection comme un mythe. Après des recherches approfondies, il a changé d'avis. Dans son livre, *An Examination of the Testimony of the Four Evangelists by the Rules of Evidence Administered in the Courts of Justice* , le Dr Greenleaf a conclu qu'il était « impossible que les apôtres aient persisté à affirmer les vérités qu'ils avaient racontées si Jésus n'était pas réellement ressuscité des morts ».

Qu'est-ce qui a fait changer d'avis le Dr Greenleaf ? Quelles preuves a-t-il trouvées qu'il ne pouvait ignorer ? Pourquoi ce sceptique est-il devenu croyant et a-t-il donné sa vie à Christ ?

Dans cette leçon, nous examinerons certaines des preuves qu'il a trouvées.

2. La transformation spectaculaire des apôtres

Lorsque Jésus fut arrêté dans le jardin de Gethsémané, les apôtres s'enfuirent. « Tous l'abandonnèrent et prirent la fuite » (Marc 14:50). Pierre venait de promettre à Jésus : « Même si je dois mourir avec toi, je ne te renierai jamais » (Marc 14:31). Mais cette nuit-là, Pierre le renia trois fois (Matthieu 26:69-75 ; Marc 14:66-72 ; Luc 22:56-62).

Le lendemain matin, Jésus fut crucifié. Il mourut dans la honte, l'humiliation et la disgrâce. Les apôtres furent stupéfaits. Leurs espoirs furent anéantis. Ils avaient tout laissé pour suivre Jésus. Ils l'avaient vu guérir les malades, chasser les démons, marcher sur l'eau, calmer une tempête et ressusciter les morts. Ils lui avaient consacré trois ans de leur vie, pensant qu'il était le Messie. Maintenant qu'il était mort, ils étaient découragés, découragés et vaincus. Les apôtres se cachèrent derrière des portes verrouillées, craignant pour leur vie (Jean 20:19).

Cinquante jours plus tard, quelque chose est arrivé à ces hommes effrayés et découragés. Ils se tiennent dans les parvis du temple et prêchent avec audace et puissance.

Pierre se lève avec les autres apôtres et proclame : « Hommes Israélites, écoutez ceci : Jésus de Nazareth, cet homme, que Dieu a reconnu auprès de vous par les miracles et les signes qu'il a opérés par lui, comme vous le savez vous-mêmes. Cet homme a été livré entre vos mains… et vous, avec l'aide des impies, vous l'avez fait mourir en le clouant sur la croix. Mais Dieu l'a ressuscité des morts » (Actes 2:22-24). « Dieu a ressuscité ce Jésus, et nous en sommes tous témoins » (Actes 2:32). Qu'est-ce qui a transformé un groupe d'hommes effrayés en audacieux défenseurs de Jésus ? Qu'est-ce qui a transformé ces lâches en activistes intrépides ? Écoutez.

Le tribunal juif arrêta Pierre et Jean et leur ordonna de ne plus parler de Jésus. Pierre et Jean répondirent : « Jugez vous-mêmes s'il est juste devant Dieu de vous obéir plutôt qu'à Dieu. Car nous ne pouvons pas ne pas parler de ce que nous avons vu et entendu » (Actes 4:19-20).

Les apôtres continuèrent à prêcher, mais ils furent de nouveau arrêtés. Le souverain sacrificateur leur dit : « Nous vous avions formellement défendu d'enseigner sous ce nom-là ; et vous avez rempli Jérusalem de votre enseignement, et vous voulez nous rendre coupables du sang de cet homme » (Actes 5:28).

Les apôtres répondirent : « Il faut obéir à Dieu plutôt qu'aux hommes. Le Dieu de nos pères a ressuscité des morts Jésus, que vous aviez fait mourir en le pendant au bois. Dieu l'a élevé par sa droite comme Prince et Sauveur, pour donner à Israël la repentance et le pardon des péchés. Nous en sommes témoins » (Actes 5:29-32).

Qu'avaient vu les apôtres qui les avait transformés d'agneaux en lions ? Ils avaient vu Jésus ressuscité. Jésus leur était apparu après sa résurrection.

3. Les apparitions de Jésus après sa résurrection

Jésus était apparu à Marie-Madeleine (Jean 20:15-18 ; Marc 16:9-11) et à d'autres femmes, dont Marie, la mère de Jacques, de Jeanne et de Salomé (Matthieu 28:1, 9-10 ; Marc 16:1 ; Luc 24:10). Il était apparu à Pierre en privé (1 Corinthiens 15:5), à deux disciples sur la route d'Emmaüs (Luc 24:13-33), à dix apôtres le jour de la résurrection (Jean 20:19-25), à onze apôtres, dont Thomas le dimanche suivant (Jean 20:26-29 ; Marc 16:14), à sept apôtres au bord de la mer de Galilée (Jean 21:1-2), à plus de 500 disciples à la fois (1 Corinthiens 15:8), à son demi-frère Jacques qui avait été un incroyant (1 Corinthiens 15:7 ; Jean 7:5), à onze apôtres sur une montagne de Galilée (Matthieu 28:16-20), aux apôtres à Jérusalem (Luc 24:36-49), et aux apôtres sur le mont des Oliviers au moment de son ascension (Actes 1:3-11).

Plus tard, Jésus apparaît à Étienne dans une vision (Actes 7, 55-56), à Saul sur la route de Damas (Actes 9, 1-8 ; 18, 9) et à Jean sur l'île de Patmos (Apocalypse 1, 12-20 ; 22, 20). Tous ces personnages furent des témoins oculaires du Christ ressuscité.

4. Persécution et martyre

Beaucoup de ces témoins oculaires ont enduré la persécution, la torture, la souffrance et la mort plutôt que de renoncer à leur témoignage. Cela exclut pratiquement toute tromperie de leur part. Ils auraient pu éviter la persécution et sauver leur vie en renonçant simplement à leurs déclarations. Mais il n'existe aucune trace d'un témoin oculaire de la première génération niant la résurrection pour éviter la persécution. Ils ont tous choisi de souffrir et de mourir plutôt que de renoncer à leur témoignage oculaire. Tous les apôtres, à l'exception de Jean, ont subi une mort horrible en tant que martyrs.

Le martyre des apôtres était très différent de ce qui se passe aujourd'hui. Les pirates de l'air qui ont percuté les Twin Towers le 11 septembre 2001 étaient sincères. Ils étaient prêts à mourir pour leur foi. Cependant, ils ne savaient pas, et ne pouvaient pas savoir, que leurs croyances étaient vraies. Ils se sont simplement fiés aux enseignements qui leur avaient été transmis au fil des siècles.

En revanche, les apôtres savaient si Jésus était ressuscité ou non. Soit ils ont vu Jésus vivant après sa résurrection, soit ils mentaient. Pourquoi s'accrocheraient-ils à un mensonge face au rejet social, aux moqueries, à la persécution, à l'emprisonnement, à la torture et à la mort ? Les gens sains d'esprit ne meurent pas pour un mensonge lorsqu'ils savent que c'est un mensonge. Vous pouvez chercher dans les annales de l'histoire, et vous ne trouverez pas un groupe de onze hommes qui sont morts pour un mensonge, tout en sachant que c'était un mensonge. Les apôtres ont choisi d'être torturés et tués plutôt que de changer leur témoignage sur la résurrection de Jésus.

5. La conversion de Saul de Tarse

Les hommes qui ont lapidé Étienne à mort ont déposé leurs vêtements aux pieds d'un jeune homme nommé Saul (Actes 7:58). A cette époque, « Saul commença à détruire l'Église. Allant de maison en maison, il enlevait hommes et femmes et les jetait en prison » (Actes 8:3).

Saul proféra des menaces de mort contre les disciples du Seigneur (Actes 9:1). Il se rendit à Damas, avec l'intention d'arrêter les chrétiens et de les ramener prisonniers à Jérusalem (Actes 9:2).

Alors que Saul s'approche de Damas, Jésus lui apparaît dans une lumière aveuglante (Actes 9, 3-6). Cette rencontre avec le Christ ressuscité changea la vie de Saul. Le sceptique devient un fervent croyant au Seigneur ressuscité.

A Damas, Saul jeûna et pria pendant trois jours. Finalement, le Seigneur lui envoya Ananias avec un message du ciel. Ananias lui dit : « Le Dieu de nos pères t'a choisi pour connaître sa volonté, pour voir le Juste et pour entendre les paroles de sa bouche. Tu seras son témoin devant tous les hommes de ce que tu as vu et entendu. Et maintenant, qu'attends-tu ? Lève-toi, sois baptisé et lavé de tes péchés, en invoquant son nom » (Actes 22:16).

Saul fut baptisé par Ananias (Actes 9:18), et immédiatement, il entra dans les synagogues de Damas et commença à prêcher que Jésus est le Fils de Dieu (Actes 9:20).

Saül, le violent persécuteur, devint le grand apôtre Paul, qui écrivit la moitié du Nouveau Testament. Saül, le meurtrier, devint le plus grand missionnaire du monde. En raison de sa foi inébranlable en la résurrection de Jésus, Paul fut battu à coups de bâton, fouetté, lapidé, emprisonné et finalement décapité. Même au moment de sa mort, il n'a jamais nié la résurrection de Jésus.

Qu'est-ce qui a poussé ce violent persécuteur à changer d'attitude ? Pourquoi a-t-il abandonné une carrière prometteuse de rabbin juif pour devenir un prédicateur de l'Évangile du Christ détesté, rejeté et maltraité ? La réponse est qu'il avait vu le Sauveur ressuscité et qu'il avait entendu sa voix. La conversion de Saül est une preuve solide de la résurrection de Jésus-Christ.

6. La conversion de Jacques

Avant la résurrection, Jacques, le demi-frère de Jésus, ne croyait pas que Jésus était le Messie (Jean 7:5). Après sa résurrection, Jésus lui apparut (1 Corinthiens 15:7), et Jacques devint un croyant, un dirigeant de l'Église de Jérusalem (Actes 15:12-14) et l'auteur de l'épître de Jacques dans le Nouveau Testament.

Qu'est-ce qui a poussé Jacques à changer d'avis et à devenir un fervent disciple du Christ ? Il avait vu le Seigneur ressuscité.

7. Le tombeau vide

Après la mort de Jésus, Joseph d'Arimathée reçut de Pilate la permission de descendre le corps de Jésus de la croix et de l'enterrer dans un tombeau. Les femmes qui étaient venues avec Jésus de Galilée suivirent Joseph et virent où le corps était déposé. Puis elles rentrèrent chez elles pour préparer des aromates et des parfums pour le corps de Jésus (Luc 23:55-56).

Le dimanche matin, de bonne heure, les femmes prirent les aromates qu'elles avaient préparés et se rendirent au tombeau. « Elles trouvèrent la pierre roulée du tombeau ; mais, étant entrées, elles ne trouvèrent pas le corps du Seigneur Jésus » (Luc 24:1-3). Soudain, deux anges se présentèrent à elles et leur dirent : « Pourquoi cherchez-vous parmi les morts celui qui est vivant ? Il n'est pas ici, il est ressuscité. Souvenez-vous de ce qu'il vous a dit, lorsqu'il était encore avec vous en Galilée : Il faut que le Fils de l'homme soit livré entre les mains des pécheurs, qu'il soit crucifié, et qu'il ressuscite le troisième jour » (Luc 24:5-8).

Jésus avait été crucifié et enterré en public. Le tombeau était vide. Si le tombeau n'avait pas été vide, personne à Jérusalem n'aurait cru que Jésus était ressuscité. La cour suprême juive et les soldats romains auraient présenté le corps pour prouver que l'histoire de la résurrection était un canular. Mais ils ne l'ont pas fait. Au lieu de cela, ils ont essayé d'expliquer le tombeau vide en accusant les disciples de Jésus d'avoir volé le corps. C'était une mauvaise dissimulation. Comment les apôtres auraient-ils pu briser le sceau romain, rouler la pierre et voler le corps pendant que des soldats armés montaient la garde ?

Certains pensent que Jésus n'est pas vraiment mort, qu'il a seulement simulé sa mort et qu'il s'est échappé du tombeau. Cela aussi est absurde. Jésus a été fouetté trente-neuf fois avec un fouet romain. Le fouet avait neuf queues, chacune contenant des morceaux de métal, de verre ou d'os qui transperçaient la peau et pénétraient dans la chair. Tant de sang coulait des blessures que de nombreuses personnes sont mortes sous les coups de fouet. Après avoir été fouetté, Jésus a été forcé de porter sa propre croix jusqu'à ce qu'il s'effondre. De gros clous ont été enfoncés dans ses mains et ses pieds pendant qu'il était crucifié. Au bout de six heures, on a demandé aux soldats de briser les jambes de Jésus pour hâter sa mort, mais ils ont découvert qu'il était déjà mort. L'un des soldats a enfoncé une lance dans le côté de Jésus, dans son cœur, libérant du sang et du plasma. Il est insensé de penser que Jésus a repris vie dans le tombeau sans assistance médicale, a fait rouler la pierre pesant plusieurs tonnes et est apparu à ses disciples en bonne santé et vigoureux. Qui pourrait croire une telle histoire ?

8. Femmes témoins

Les quatre évangiles indiquent que les femmes furent les premiers témoins oculaires de la résurrection du Seigneur. Ce fait indique que les évangiles n'ont pas été inventés. Dans les cultures juive et romaine, les femmes n'étaient pas très respectées. Leur témoignage n'était pas admissible devant un tribunal. Si quelqu'un avait inventé l'histoire de la résurrection, comme le prétendent les critiques, il n'aurait pas fait des femmes les principaux témoins.

Le fait que les femmes aient été les premières à découvrir le tombeau vide ne peut qu'indiquer une chose : elles furent, en effet, les premières à voir le Sauveur ressuscité.

Conclusion

Avant son ascension, Jésus rencontra ses apôtres à Jérusalem et leur dit : « Ainsi est écrit : Le Christ souffrira, et le troisième jour ressuscitera des morts ; et la repentance et le pardon des péchés seront prêchés en son nom à toutes les nations, à commencer par Jérusalem. Vous êtes témoins de ces choses » (Luc 24:46-48).

Jésus était mort et avait été ressuscité. Il envoyait maintenant ses apôtres dans le monde entier pour prêcher la bonne nouvelle aux hommes et aux femmes de partout. Ceux qui croyaient, se repentaient et étaient baptisés étaient pardonnés et sauvés (Marc 16:16 ; Actes 2:38).

Jésus revient. Sa résurrection a ouvert la voie à notre résurrection et à notre ascension au ciel.

Si vous n'êtes pas un disciple de Jésus, écoutez les paroles d'Ananias : « Qu'attendez-vous ? Lève-toi, sois baptisé et lavé de tes péchés, en invoquant son nom » (Actes 22:16).

XIII. *Jésus, le Roi des rois*

Introduction

Le dimanche précédant sa crucifixion, Jésus et ses apôtres arrivèrent au village de Bethphagé, sur le mont des Oliviers. Jésus envoya deux de ses disciples chercher un ânon. Ils trouvèrent l'ânon et le rapportèrent à Jésus. Ils jetèrent leurs manteaux sur le dos de l'ânon, soulevèrent Jésus et le firent asseoir dessus.

Alors que Jésus descendait la colline en direction de Jérusalem, les gens étendaient leurs manteaux sur la route. D'autres coupaient des branches d'arbres et les dispersaient devant Jésus (Matthieu 21:8-9). Une grande foule se mit à louer Dieu et à crier : « Hosanna au Fils de David ! » (Matthieu 21:9). « Béni soit le roi qui vient au nom du Seigneur ! Paix au ciel et gloire au plus haut des cieux ! » (Luc 19:38).

Certains pharisiens dans la foule dirent à Jésus : « Maître, reprends tes disciples ! » (Luc 19:39). En d'autres termes : « Dis-leur de fermer leur bouche ! »

Jésus répondit : « Je vous le dis, s'ils se taisent, les pierres crieront » (Luc 19:40). Jésus accomplissait ainsi la prophétie de Zacharie.

1. Jésus, le roi dans la prophétie

Environ 500 ans avant la naissance de Jésus, le prophète Zacharie a décrit le roi à venir. Il a écrit : « Sois transportée d'allégresse, fille de Sion ! Pousse des cris de joie, fille de Jérusalem ! Voici, ton roi vient à toi, juste et Sauveur, humble et monté sur un âne, sur un ânon, le petit d'une ânesse » (Zacharie 9:9).

Au lieu d'entrer à Jérusalem sur un magnifique cheval, Jésus est monté sur le dos d'un animal de bât. Certains pensent que Jésus essayait de faire preuve d'humilité, mais ce n'était pas son objectif premier. Il est monté sur un âne pour se faire connaître comme le Messie promis. Il est entré à Jérusalem non pas pour conquérir la ville politiquement, mais pour conquérir le cœur des hommes et des femmes.

Pourquoi les pharisiens étaient-ils si en colère contre les disciples de Jésus lorsqu'ils criaient des louanges à son égard ? Ils étaient en colère parce que ses disciples reconnaissaient Jésus comme le roi messianique de la prophétie de Zacharie.

Jésus est entré à Jérusalem exactement une semaine avant sa résurrection. Il est entré dans la ville en tant que roi avec un traité de paix. Son objectif était de réconcilier toutes choses avec lui-même « en faisant la paix par le sang de sa croix » (Colossiens 1:20). Le roi Jésus est mort pour que nous puissions avoir une relation amicale et pacifique avec Dieu.

2. Le roi Jésus accomplit d'autres prophéties messianiques

Jésus a accompli toutes les prophéties de l'Ancien Testament qui le désignaient comme le véritable roi (Genèse 49:10 ; 2 Samuel 7:16 ; Psaumes 110:1-2 ; Ésaïe 2:2-4 ; 9:6-7 ; 16:5 ; 32:1 ; Jérémie 23:5-6 ; Daniel 7:13-14 ; Michée 5:2 ; etc.). Jésus est mentionné comme roi quatorze fois dans Matthieu, six fois dans Marc, cinq fois dans Luc et quatorze fois dans l'Évangile de Jean.

Il n'est pas étonnant que les gens criaient « Hosanna », ce qui signifie « Sauvez-vous maintenant », alors que Jésus entrait dans la ville. Ils comprenaient que Jésus était le roi qui était venu les sauver.

3. L'ange Gabriel prédit la naissance du roi

Avant la naissance de Jésus, l'ange Gabriel apparut à Marie et lui dit : « Tu seras enceinte, tu enfanteras un fils, et tu lui donneras le nom de Jésus. Il sera grand et sera appelé Fils du Très-Haut. Le Seigneur Dieu lui donnera le trône de David, son père. [...] Son règne n'aura pas de fin. » (Luc 1:31-33)

Jésus était destiné à s'asseoir sur un trône dans son royaume éternel.

4. Jésus, le roi crucifié

Lors de son procès devant Pilate, Jésus dit : « Mon royaume n'est pas de ce monde. S'il l'était, mes serviteurs combattraient pour empêcher que je sois arrêté par les Juifs. Mais maintenant, mon royaume est d'un autre lieu. » (Jean 18:36)

Pilate dit : « Tu es donc roi ! »

Jésus lui répondit : « Tu as raison de dire que je suis roi. En effet, je suis né pour cela et je suis venu dans le monde pour rendre témoignage à la vérité. Tous ceux qui sont dans la vérité m'écoutent. » (Jean 18, 37b)

Jésus est un roi d'un genre particulier. Son royaume n'est pas un royaume terrestre maintenu par la puissance militaire. C'est un royaume spirituel. Les gens qui cherchent la vérité l'écoutent et se soumettent à son autorité royale.

Lors de la crucifixion de Jésus, Pilate fit faire une pancarte et l'afficha sur la croix. On pouvait y lire : « JÉSUS DE NAZARETH, ROI DES JUIFS » (Jean 19:19).

5. Jésus, le Roi ressuscité des morts

Comme nous l'avons vu dans la leçon 11, Jésus a prophétisé qu'il serait mis à mort et qu'il ressusciterait le troisième jour. Trois jours après la crucifixion, Marie-Madeleine, Marie, mère de Jacques, et Salomé apportèrent des aromates au tombeau pour oindre le corps de Jésus (Marc 16:1).

Lorsqu'ils arrivèrent, ils découvrirent que la pierre avait été roulée devant l'entrée du tombeau. Deux anges leur apparurent et leur dirent : « Pourquoi cherchez-vous parmi les morts celui qui est vivant ? Il n'est pas ici, il est ressuscité ! » (Luc 24:1-6).
Quarante jours plus tard, Jésus remonta vers le Père.

6. Jésus, le lion, l'agneau et le roi

Dans le livre de l'Apocalypse, Jésus est décrit vingt-huit fois comme un agneau. Mais cette fois, il est un autre genre d'agneau. Dans une vision céleste, Jean vit Dieu assis sur un trône avec un livre dans sa main droite. Le livre était scellé de sept sceaux, et personne ne pouvait les retirer pour regarder à l'intérieur. Jean pleurait de déception, se demandant ce qui était écrit sur le livre. L'un des anciens lui dit : « Ne pleure pas ! Voici que le lion de la tribu de Juda, le rejeton de David, a triomphé. Il peut ouvrir le livre et ses sept sceaux. » (Apocalypse 5:5)

Le lion est un symbole de force, de courage et de royauté. Il est le « roi de la jungle ». Son rugissement peut être entendu à huit kilomètres dans toutes les directions. La vue et le son d'un lion suscitent la peur chez de nombreux autres animaux.

Jean leva les yeux, s'attendant à voir un lion, mais à sa grande surprise, il vit un agneau. L'agneau avait l'air « comme immolé » (Apocalypse 5:6). À première vue, l'Agneau de l'Apocalypse semble être le même agneau sacrificiel que nous avons vu ailleurs dans le Nouveau Testament. Mais un examen plus attentif révèle qu'il est différent. Cet Agneau est « debout » (Apocalypse 5:6). Il a été immolé, mais il est de nouveau vivant et se tient au centre du trône de Dieu.

De plus, cet Agneau a « sept cornes » (Apocalypse 5:6). Dans les Écritures, une corne est le symbole de la force et de la puissance, et le chiffre sept indique la perfection. L'Agneau de l'Apocalypse a un pouvoir énorme. Il a une force sept fois supérieure. Lui seul a l'autorité d'enlever les sept sceaux du livre (Apocalypse 6:1-14).

Ici, l'Agneau et le Lion sont une seule et même personne. Tous deux symbolisent Jésus. L'Agneau a pris le livre de la main droite de Dieu, et des millions d'anges ont entouré le trône en chantant : « L'Agneau qui a été immolé est digne de recevoir la puissance, la richesse, la sagesse, la force, l'honneur, la gloire, et la louange ! » (Apocalypse 5:12). L'agneau qui a sept cornes reçoit maintenant sept fois plus de louanges de la part des anges.

7. Jésus, l'Agneau qui est le Roi des rois

Dans sa vision, Jean vit que les forces du mal « feraient la guerre à l'Agneau ; mais l'Agneau les vaincra, parce qu'il est Seigneur des Seigneurs et Roi des Rois » (Apocalypse 17:14).

Jésus, l'Agneau de Dieu, a reçu toute autorité dans le ciel et sur la terre (Matthieu 28:18-20). Il est le roi de l'univers. Lui seul possède une sagesse et une majesté infinies. Lui seul est parfait en caractère et en jugement. Lui seul peut nous donner une vie pleine et pleine de sens. Lui seul peut effacer nos péchés et garantir la vie éternelle au ciel.

Jean écrit : « Puis je vis le ciel ouvert. Et voici, parut un cheval blanc. Celui qui le montait s'appelle Fidèle et Véritable. Il juge et combat avec justice. Ses yeux sont comme une flamme de feu ; sur sa tête sont plusieurs diadèmes. Il a un nom écrit sur lui, que personne ne connaît, si ce n'est lui-même. Il est vêtu d'un manteau teint de sang ; son nom est la Parole de Dieu. Les armées du ciel le suivaient, montées sur des chevaux blancs, et vêtues d'un fin lin, blanc, pur. De sa bouche sort une épée aiguë, pour frapper les nations ; il les paîtra avec un sceptre de fer. Il foulera la cuve du vin de l'ardente colère du Dieu tout-puissant. Sur son manteau et sur sa cuisse il a ce nom écrit : Roi des rois et Seigneur des seigneurs. » (Apocalypse 19:11-16)

Il s'agit d'un langage symbolique qui décrit la puissance, l'autorité et la souveraineté de Jésus-Christ. Il a sacrifié sa vie pour nous. Il nous a fait connaître Dieu. Il nous a révélé la vérité. Il nous a mis en garde contre les pièges du péché. Il nous a donné l'exemple. Il nous a invités dans son royaume et a promis de nous bénir. Il était l'homme parfait. Il est le Prince de la paix. Il était le Fils de l'homme. Il est le Fils de Dieu. Il était un faiseur de miracles. Il est la lumière du monde. Il est l'Agneau de Dieu. Il est le Lion de la tribu de Juda. Et maintenant, nous le voyons comme le Roi des rois et le Seigneur des seigneurs.

8. Jésus, le Roi, revient

Jésus a aussi prophétisé au sujet de sa seconde venue. Il a dit : « Quand le Fils de l'homme viendra dans la gloire, avec tous les anges, il s'assiéra sur son trône de gloire. Toutes les nations seront rassemblées devant lui. Il séparera les hommes les uns des autres, comme le berger sépare les brebis des boucs. Il placera les brebis à sa droite et les boucs à sa gauche. Alors le roi dira à ceux qui seront à sa droite : Venez, vous qui êtes bénis de mon Père » (Matthieu 25:31-34). « Alors il dira à ceux qui seront à sa gauche : Retirez-vous de moi, maudits ; allez dans le feu éternel qui a été préparé pour le diable et ses anges » (Matthieu 25:41). En tant que Roi des rois, Jésus a l'autorité de porter de tels jugements, et ses jugements sont justes.

9. Jésus et la colère de l'agneau

L'Agneau de l'Apocalypse possède des qualités que l'on n'associe généralement pas aux brebis. Cet agneau est capable de colère.

Lorsque le sixième sceau du livre est ouvert, Jean voit deux groupes de personnes. Le premier groupe est composé de rois, de princes, de généraux, de riches et de puissants, d'esclaves et d'hommes libres qui se cachent dans des cavernes et qui crient aux rochers et aux montagnes : « Tombez sur nous et cachez-nous devant la face de celui qui est assis sur le trône et devant la colère de l'agneau » (Apocalypse 6:15-16).

Le deuxième groupe est constitué d'une grande multitude de personnes vêtues de robes blanches. Ils viennent de toute nation, de toute tribu, de tout peuple et de toute langue, et ils se tiennent devant l'Agneau en criant : « Le salut est à notre Dieu qui est assis sur le trône, et à l'Agneau » (Apocalypse 7:10).

L'un des anciens dit : « Ce sont ceux qui ont lavé leurs robes et les ont blanchies dans le sang de l'Agneau » (Apocalypse 7.14). Ce sont les gens qui ont cru en Jésus, se sont détournés du péché et ont été purifiés par le sang de l'Agneau dans les eaux du baptême (Actes 2.38 ; 22.16 ; Romains 6.3-5 ; Colossiens 2.11-12).

Veux-tu être baptisé en Christ ? Ton professeur peut t'expliquer comment tu peux le faire, en public ou en secret, si nécessaire. La question est :

Que ferez-vous du roi Jésus ?

Ceci termine la dernière leçon de la deuxième partie du cours supplémentaire du WEI sur Dieu, intitulé « ***Qui est Jésus ? »***

Veuillez répondre aux questions de l'examen, mais plus important encore, examinez votre besoin d'être purifié du péché par le baptême en Jésus-Christ.

Table des matières

Jésus-Christ attaqué.......................................1

Jésus : réalité ou fiction ?..............................6

Jésus dans les enseignements de Paul..........11

Jésus, le Prince de la Paix............................17

Jésus, l'homme parfait.................................22

Jésus, la gloire de Dieu................................26

Jésus, le Fils de l'homme..............................30

Jésus, le Fils de Dieu....................................34

Jésus, le faiseur de miracles..........................39

Jésus, la lumière du monde..........................44

Jésus, l'Agneau de Dieu................................49

Jésus, le Seigneur ressuscité..........................54

Jésus, le Roi des rois......................................60

Printed by Books on Demand GmbH, Norderstedt / Germany